AF453206

VOYAGES

D'UN

PHILOSOPHE

VOYAGES

D'UN PHILOSOPHE

OU

OBSERVATIONS

Sur les mœurs & les arts des peuples

DE L'AFRIQUE, DE L'ASIE ET DE L'AMERIQUE.

A YVERDON;

M. DCC. LXVIII.

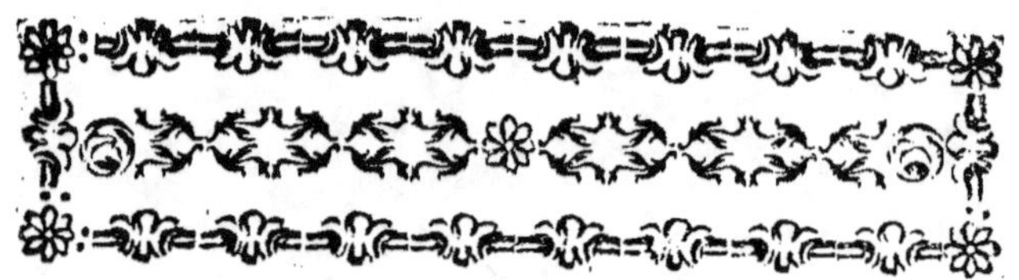

VOYAGES

D'UN PHILOSOPHE

O U

OBSERVATIONS

Sur les mœurs & les arts des peuples

DE L'AFRIQUE, DE L'ASIE ET DE L'AMERIQUE.

IL n'eſt point de nation, que'que barbare qu'elle ſoit, qui n'ait des arts qui lui ſoient particuliers. La diverſité des climats, en variant les beſoins des peuples, offre à leur induſtrie des productions différentes ſur leſquelles elle peut s'exercer. Chaque pays dans un certain éloignement a des fabriques qui lui ſont tellement propres, qu'elles ne ſçauroient ètre celles d'un autre pays ; mais l'agriculture eft l'art de tous les hommes , fous quelque ciel qu'ils habitent ; partout , d'une extrémité de la terre à l'autre on voit les peuples policés , & ceux qui font barbares , fe procurer au moins une partie de leur fubfiftance par la culture de leurs champs : mais cet art univerfel n'eft pas également floriffant par-tout.

Il profpere chez les nations fages qui fçavent l'honorer & l'encourager ; il fe foutient foiblement chez les peuples à demi policés , qui lui préférent les arts frivoles , ou qui étant affez éclairés pour fentir fon utilité font encore trop efclaves des préjugés de leur ancienne barbarie , pour fe réfoudre à affranchir & à honorer ceux qui l'exercent ; il languit & on apperçoit à peine fon influence chez les barbares qui le méprifent.

L'état de l'agriculture a toujours été le premier objet de mes recherches , chez les différens peuples que j'ai vus dans le cours de mes voyages. Il n'eft guere poffible à un voyageur qui souvent ne fait que passer dans un pays, d'y faire les remarques qui seroient nécessaires pour emporter une idée juste du gouvernement, de la police & des mœurs de ses habitans. Dans ce cas il n'est pas de moyen plus court pour se former d'abord une idée générale de la nation chez laquelle on se trouve, que de jetter les yeux sur les marchés publics & sur les campagnes. Si les marchés abondent en denrées, si les terres sont bien cultivées & couvertes de riches moissons, alors on peut en général être assuré que le pays où l'on se trouve est bien peuplé, que les habitans sont policés & heureux, que leurs mœurs sont douces, que leur gouvernement est conforme aux principes de la raison. On peut se dire à soi-même, je suis parmi des hommes.

Lorsqu'au contraire j'ai abordé chez une nation qu'il falloit chercher au milieu des forêts, & au travers des ronces qui couvroient les terres, lorsqu'il me falloit faire plusieurs lieues

pour trouver un champ defriché,
mais mal cultivé ; lorfqu'enfin arrivé
à quelque peuplade je ne voyois dans
le marché public que quelques mauvaifes racines ; alors je ne doutois
plus d'être chez un peuple malheureux, féroce ou efclave. Il ne m'eft
jamais arrivé d'être dans le cas de ré-
former cette premiere idée, conçue à
la feule infpection de l'état de l'agriculture, chez les différentes nations
que j'ai vues : les connoiffances de
détail qu'un féjour affez long m'a
quelquefois permis d'acquérir chez
elles, m'ont toujours confirmé qu'un
pays mal cultivé, eft à coup-fûr habité par des hommes barbares ou
opprimés, & que la population ne
fçauroit y être confidérable.

Vous verrez, Meffieurs, par les
recherches dont je vais vous rendre
compte, que chez tous les peuples
l'agriculture dépend abfolument des
loix, des mœurs, des préjugés établis. Je commence par quelques parties de l'Afrique.

Côtes occidentales d'Afrique.

Les isles & les terres occidentales de cette partie du monde que j'ai connues, sont la plupart des terres en friche, habitées par des Negres malheureux. Ces hommes stupides qui s'estiment eux-mêmes assez peu pour se vendre en détail les uns & les autres, ne pensent guere à la culture de leurs terres. Contens de vivre au jour la journée sous un ciel qui donne peu de besoins, ils ne cultivent que ce qu'il leur faut pour ne pas mourir de faim ; ils sement négligemment chaque année quelques maïs, très-peu de ris, & ils plantent en petite quantité différentes especes de pommes de terre qui ne sont pas de la nature des nôtres, mais dont la culture est la même; nous les connoissons sous le nom de *patates* & *d'inham*. En général les récoltes de ce peuple sont si chetives que les navigateurs Européens, qui vont chez eux pour y acheter des hommes, sont obligés d'apporter d'Europe ou d'Amérique les provisions nécessaires pour la nourriture des esclaves, qui doivent composer la cargaison de leurs vaisseaux.

Parmi ces Negres, ceux qui habitent aux environs des colonies Européennes, sont un peu plus agriculteurs que les autres. Ils élevent des troupeaux, ils cultivent le ris en plus grande quantité ; on trouve dans leurs jardins quelques légumes dont les graines leur ont été apportées d'Europe ; mais tout ce qu'ils sçavent d'agriculture, ils le tiennent des Européens établis chez eux ; leur expérience à cet égard est très-bornée, & je n'ai découvert dans leur industrie aucun procédé qui puisse éclairer la nôtre.

Depuis la riviere d'Angola jusqu'au Cap Negre, & delà jusqu'aux approches du Cap de bonne Espérance, on ne voit que des terres arides & incultes ; les côtes sont nues, couvertes d'un sable stérile : il faut faire plusieurs lieues pour découvrir un palmier ou quelque verdure. La terre

& le petit nombre de ſes habitans pa-
roiſſent frappés d'une malédiction
commune. Toutes les informations
que j'ai priſes ſur les lieux, des miſ-
ſionnaires Italiens qui ont le zele
admirable de parcourir l'intérieur de
ces maudites régions, m'ont appris
que l'agriculture n'y étoit guere plus
floriſſante que ſur les côtes, quoique
la terre en beaucoup d'endroits y
annonce la plus grande fertilité par
ſes productions naturelles.

Cap de bonne Eſpérance.

Les terres du Cap de bonne Eſpé-
rance étoient condamnées à la même
ſtérilité, avant que les Hollandois en
priſſent poſſeſſion ; mais depuis leur
établiſſement à cette pointe de l'Afrique, les terres y produiſent en abondance du froment & des grains de
toute eſpece, des vins de différentes
qualités, & une quantité conſidérable
de fruits excellens raſſemblés des qua-
tre parties du monde. On y voit de
grands paturages couverts de che-

vaux, de bœufs & de bêtes à laine.
Tous ces troupeaux réuffiffent parfaitement. L'abondance dont jouit cette
colonie comparée à la ftérilité des pays
immenfes qui l'environnent, prouve
évidemment que la terre n'eft avare
que pour les tyrans & les efclaves;
qu'elle prodigue des trefors au delà de
toute efpérance dès qu'elle eft libre,
remuée par des mains libres & cultivée par des hommes intelligens, que
des loix fages & invariables proté-
gent.

Une multitude de François chaffés
de leur patrie par la révocation de
l'Edit de Nantes, ont trouvé dans
cette côte une véritable patrie &
dans cette nouvelle patrie, la fureté,
la propriété, la liberté, feuls vrais
fondemens de l'agriculture, feuls principes de l'abondance. Ils ont enrichi
cette mere adoptive de leur induftrie
& du travail ineftimable de leurs
bras; ils y ont fondé des peuplades
confidérables dont quelques-unes ont
tiré leur nom du pays malheureux,
mais toujours chéri, qui leur avoit

refusé le feu & l'eau. La peuplade *de
la petite Rochelle*, surpasse toutes les
autres par l'industrie des colons qui
la composent, & par la richesse des
terres qui en dépendent.

Les paturages y sont composés de
différens *gramens* naturels au pays, &
en partie des herbages qui forment
nos prairies artificielles en Europe,
telles que les tréfles, la luzerne & le
sainfoin. Les plantes étrangeres dont
les semences ont été apportées dans
le pays par les Hollandois, y réussissent comme les plantes naturelles.
Toutes ces graines sont semées sur
un labour fait à la charrue, on ne
coupe ces herbes que la premiere année; dès la seconde on ouvre la prairie aux troupeaux qui y vivent à
discrétion & l'on n'a plus d'autre
soin que de les rassembler tous les
soirs dans un parc fermé par des hautes & grosses palissades pour les garantir des tigres & des lions, dont le
pays ne manque pas.

Ces prairies ne sont en général ar-
rosées que par les pluies, quoi qu'on

ait l'attention de les fernier dans le voifinage de quelque ruiffeau où l'on pratique des abreuvoirs commodes. On eft très-exact à ménager dans tous ces paturages des bofquets d'arbres où les troupeaux puiffent trouver un abri contre les ardeurs du foleil, fur-tout dans les mois de Janvier, Février & Mars qui font les plus chauds de l'année dans cette partie du monde.

Les terres à grains s'y labourent comme en Europe, quelquefois par des chevaux, plus fouvent par des bœufs; les Hollandois de cette colonie ont l'induftrie de corriger la lenteur de ces derniers animaux en les exerçant de bonne heure à un pas vif, & j'ai vu au Cap des charriots tirés par des attelages de dix & douze paires de bœufs, aller auffi vite que s'ils avoient été traînés par de bons chevaux.

Les grains qui fe fement ordinairement dans les terres du Cap, font le froment, le bled de Turquie & le ris; il eft ordinaire de voir ces grains rapporter 50 pour un. On y cultive beaucoup de plantes légumineuses, tels font les pois, les feves & les harricots. Ces légumes fervent aux approvifionnemens des vaiffeaux qui relachent au Cap, en allant ou revenant des Indes orientales.

Parmi ces légumes il en eft une efpece qui eft fort recherchée aux Indes où l'on en tranfporte beaucoup. On l'y connoît fous le nom de pois du Cap. C'eft une phaféole qui ne fe rame point; fon grain a la forme de notre harricot, mais plus large & plus applati; il a le gout de notre pois verd, & il conferve long-tems fa fraicheur. J'en ai tenté cette année la culture qui paroît réuffir. Le climat du Cap de bonne Efpérance paroît exiger de la part du cultivateur une attention qui femble moins néceffaire dans ce pays, & qui peut-être même feroit préjudiciable aux productions de nos terres.

Le Cap eft pendant la plus grande partie de l'année expofé à des orages violens qui foufflent ordinairement de la partie du nord-eſt. Ces vents ſont ſi impétueux qu'ils renverſeroient toutes les plantes à grains, & abbatroient les fruits de tous les arbres ſi on ne leur apportoit une barriere pour garantir les recoltes. Le colon Hollandois a imaginé de diviſer les terres par petites portions & de les entourer de hautes paliſſades de chênes ou de quelques autres arbres plantés près à près comme pourroit l'ètre une charmille deſtinée à faire l'ornement d'un jardin. Ces paliſſades ſe taillent en croiſſant toutes les années, on les éleve à 25 ou 30 pieds de hauteur, de ſorte que chaque champ ſéparé eſt fermé comme une chambre.

C'eſt par cette induſtrie ſur-tout, que les Hollandois ſont parvenus à rendre leur colonie le grenier de tous leurs établiſſemens aux Indes orientales, & la meilleure relache que les vaiſſeaux puiſſent faire pour rafraichir & approviſionner les équipages.

Lorſque les Hollandois commencerent à former les vignobles de leur colonie ; ils rechecherent avec foin des plans des cantons qui jouiſſoient de la plus grande réputation pour leurs vignes. Après bien des eſſais inutiles pour faire à l'extrémité de l'Afrique des vins de Bourgogne, de Champagne & autres, ils ſe ſont arrêtés à cultiver les plans tranſportés d'Eſpagne, des isles Canaries & du Levant dont le climat eſt plus analogue à celui du Cap. Aujourd'hui les plants dominants dans leurs vignes ſont des plants de muſcat qui réuſſiſſent très bien, le muſcat rouge ſurtout cultivé dans un petit terroir nommé *Conſtance*, y donne du vin délicieux ; la compagnie d'Hollande en arrête toutes les années la récolte qu'elle fait tranſporter en Europe pour en faire des préſens aux Souverains.

Les vignes du Cap ſe cultivent ſans échalats ; on leur fait le même labour que nous faiſons aux nôtres. Elles ſont entourées de différens arbres ſur leſque's on appuye les ceps de gros muſcats Eſpagnols en forme d'eſpaliers fort élevés, qui ſervent d'abri au vignoble contre la violence des vents.

Le jardinage n'eſt pas plus négligé au Cap que les autres parties de l'agriculture ; on y trouve tous les légumes d'Europe & les meilleurs de ceux qui ſont particuliers aux autres parties du monde. Indépendamment des jardins des colons qui ſont auſſi - bien entretenus que dans aucune partie d'Europe, la Compagnie d'Hollande a fait former deux ou trois jardins magnifiques, qu'elle entretient avec une dépenſe digne d'une Compagnie ſouveraine.

Quinze ou vingt jardiniers Européens, dont l'habileté a été reconnue avant d'être embarqués, ſont chargés de la culture de chacun de ces vaſtes jardins, ſous la direction d'un jardinier principal dont la place eſt lucrative & honorable. C'eſt dans ces jardins publics que ſe font aux fraix de la Compagnie, tous les eſſais de nouvelle culture. C'eſt-là que les particuliers trouvent gratuitement, avec les inſtructions néceſſaires, les graines & les plantes dont ils peuvent avoir befoin.

Ces jardins fourniffent dans la plus grande abondance des herbages & des fruits de différentes efpeces, aux équipages des vaiffeaux de la Compagnie.

On y remarque avec admiration des emplacemens confidérables, confacrés à la Botanique, dans lefquels on voit placées dans le plus grand ordre les plantes les plus utiles & les plus rares de toutes les parties du monde. Les voyageurs curieux ont la fatisfaction d'y trouver des jardiniers inftruits qui fe font un plaifir de leur démontrer chaque plante.

Ces beaux jardins font terminés par de grands vergers où l'on trouve tous les fruits de l'Europe, ceux de l'Afrique & quelques-uns de l'Afie. Rien n'eft plus agréable que d'y voir à différentes expofitions, même dans la même enceinte, le chataignier, le pommier & les autres arbres fruitiers des climats les plus froids, avec le mufcat des Indes, le camphrier de Borneo, les palmiers & plusieurs autres arbres de la zone torride.

Madagascar.

En doublant le Cap de bonne Espérance, on entre dans la mer des Indes, & l'on trouve d'abord la grande isle de Madagascar. Nous ne connoissons encore que quelques parties de cette isle, quoique nous y ayons eu des établissemens & que nous la fréquentions depuis près d'un siecle. Les terres que nous y connoissons sont très-fertiles, & les habitans seroient bons agriculteurs si leurs denrées avoient un débouché. Ils élevent des troupeaux nombreux de bœufs & de bêtes à laine. Les paturages, tels que la nature les a formés, sont excellens. On voit dans plusieurs cantons des défrichés immenses couverts d'un gros *gramen* à large feuille qui s'éleve à la hauteur de 5 à 6 pieds ; les habitans le nomment *fatak*, il nourrit & engraisse parfaitement les bêtes à corne qui sont de la plus gran-

de espece & différens des nôtres en
ce qu'elles portent une grosse loupe
sur le col. Un autre petit gramen fin
croit naturellement dans les sables
sur le bord de la mer & fournit la
nourriture aux bêtes à laine. Celles-ci
sont de la même espece que celles de
Barbarie & différentes des nôtres, sur-
tout par la grosseur monstrueuse de
leur queue qui pese jusqu'à 6 à 8
livres.

Les Madecasses ou Malegaches,
(c'est le nom des habitans de cette
isle) ne cultivent guere d'autres
grains que le ris. Ils le sement au
commencement de la saison des pluyes;
ils sont par-là dispensés d'acouder
leurs champs. Ils ne donnent à leur
terre d'autre labour qu'avec la pioche; ils commencent par serfouir toutes les herbes, puis 5 à 6 hommes
se rangent en ligne dans le champ &
font devant eux des petits trous dans
lesquelles les femmes ou des enfans
qui suivent, jettent quelques grains
de ris qu'ils couvrent de terre avec le
pied: une terre ensemencée de la sorte

rapporte jufqu'à 80 & 100 pour un, ce qui prouve l'extrême fertilité du fol plutôt que la bonté de la culture. Quelque mal entendue qu'elle paroif-fe, elle fuffit pour mettre les peuples de Madagafcar dans l'abondance. Je n'ai vu aucun pays dans le monde où le ris & les approvifionnemens effentiels foient à meilleur marché. Pour un coupon de toile groffiere, teinte en bleu qui peut valoir 20 fols de notre monnoie, le Madecaffe donne 2 ou 3 mefures de ris. Ces mefures font fournies par les Européens, qui ne manquent pas d'augmenter la capacité chaque année, fans que les infulaires s'en plaignent. La mefure fe remplit d'abord comble, puis l'acheteur ufe du droit qu'il a établi pour avoir bonne mefure, il enfonce le bras jufqu'au coude dans le ris, & d'un feul coup vuide prefque entierement la mefure que le Madecaffe a la patience de remplir une feconde fois, fans jamais murmurer. Cette mefure fe nomme *gamelle*, & une gamelle ainfi mefurée donne environ 160 livres de ris blanc.

Il n'y a pas de doute que fi notre Compagnie des Indes qui eft feule en poffeffion de la traite dans cette isle, vouloit y encourager l'agriculture, elle feroit dans peu les plus grands progrès. Nos isles de France & de Bourbon qui en font voifines, y trouveroient dans tous les tems une reffource affurée contre les difettes qui affligent fréquemment la premiere de ces isles. Nos efcadres deftinées pour les grandes Indes, obligées de relacher dans le port de l'isle de France pour s'y rafraichir, y trouveroient des provifions abondantes apportées de Madagafcar, & ne feroient pas dans le cas de perdre leur tems à aller à Batavia ou au Cap, mendier des vivres chez les Hollandois, tandis que les ennemis nous enlevent nos places, comme il eft arrivé dans la guerre qui vient de finir en 1762.

Le froment croîtroit à Madagafcar dans la même abondance que le ris. Il a été cultivé autrefois avec fuccès

dans l'établiffement que nous poffé-
dions à la pointe méridionale de l'isle
fous le nom de *Fort Dauphin*. On y
trouve encore aujourd'hui de beaux
épics de froment qui y fut cultivé
anciennement, & qui depuis que nous
en avons été chaffés s'eft femé annuellement de lui-même, & croît pèle
mêle avec les herbes naturelles du
pays. Les terres y font d'une fertilité inconcevable ; les infulaires font
intelligens & adroits. Dans les quartiers où les Arabes n'ont point péné-
tré, ils ont les fimples loix de la nature & les mœurs des premiers hommes. Ces loix & ces mœurs font plus
favorables à l'agriculture que toutes
nos fublimes fpéculations, que nos
traités les plus complets fur les meilleures pratiques, que tous ces moyens
employés de nos jours pour ranimer
parmi nous un art que nos mœurs
nous font regarder avec mépris, ou
traiter avec légereté & qui eft fans
ceffe harcelé, fans ceffe opprimé par
une foule d'abus fortis de nos loix
mêmes.

A

Isle de Bourbon.

A 200 lieues environ à l'Est de Madagascar, on trouve nos deux isles de Bourbon & de France, dont le sol est naturellement aussi fertile que celui de Madagascar, & qui jouissent d'un climat beaucoup plus heureux. La premiere de ces isles n'a aucun port ; elle est peu fréquentée par nos vaisseaux. Les habitans y ont conservé des mœurs simples, l'agriculture y est assez florissante. L'isle de Bourbon produit du froment, du ris, du maïs pour les besoins de ses habitans & même pour fournir à une petite partie de ceux de l'isle de France. La culture y est la même qu'à Madagascar, les troupeaux de bœufs & de moutons qui y ont été transportés de cette grande isle y réussissent d'autant mieux, qu'on a eu l'attention d'y transporter aussi le gramen nommé *fatak*, que j'ai dit ci-devant être un excellent pâturage.

La plus grande partie des terres de cette isle est employée à la culture

B

du caffeier. Les premiers plants de cet arbriffeau y ont été apportés en droiture de Moka. Le caffeier fe multiplie par fes graines qui fe fement d'elles-mêmes ; il exige peu de culture ; elle fe réduit à donner 3 ou 4 labours à la jeune plante pendant la premiere année, pour la débarraffer du voifinage des mauvaifes herbes qui lui déroberoient fa fubfiftance. Dès la feconde année elle croît fans foins : fes branches qui naiffent à fleur de terre, & qui s'étendent horifontalement étouffent par leur ombre toutes les plantes étrangeres qui pourroient croître à leur tour ; au bout de 18 mois le caffeier commence à rapporter fon fruit, & dès la troifieme année il donne une pleine récolte. On plante ces arbriffeaux en échiquier à la diftance de fept pieds environ les uns des autres, & lorfqu'ils s'élevent trop on les rabaiffe en les coupant à 2 pieds de terre.

Le caffeier demande une terre légere & il réuffit mieux dans le fable prefque pur, que dans une bonne terre.

On observe à l'isle de Bourbon que chacun de ces arbrisseaux rapportoit annuellement l'un dans l'autre une livre de caffé. Ce fruit meurit & se recueille à l'isle de Bourbon dans un tems sec, ce qui lui donne un grand avantage sur les caffés de nos isles de l'Amérique qui ne meurissent & ne se recueillent que dans les saisons de pluye. Le caffé après avoir été cueilli demande à être desséché, c'est pourquoi on l'expose au soleil pendant plusieurs jours jusqu'à ce que la fève paroisse extrèmement seche & racornie. Alors on le dépouille de la pulpe, ce qui se fait avec des pilons dans de grandes auges de bois.

L'isle de France.

L'isle de France possede deux excellens ports, où vont relacher tous nos vaisseaux employés, en tems de paix au commerce des Indes & de la Chine, en tems de guerre à la défense de nos établissemens. Cette isle est par conséquent moins isolée que celle

de Bourbon. L'adminiſtration & les
mœurs de l'Europe y ont plus d'influence. Elle renferme des terres auſſi
fertiles que celles de Bourbon; des
ruiſſeaux qui ne tariſſent jamais, l'arro-
ſent dans tous les ſens comme un
jardin, & néanmoins les récoltes y
manquent ſouvent. Elle eſt preſque
toujours dans la diſette.

Depuis le célebre M. De la Bourdonnais qui l'a gouvernée pendant 10
à 12 années, & qui doit être regardé comme le fondateur de la colonie,
puiſqu'il eſt le premier qui y ait établi
l'agriculture, on a ſans ceſſe erré de
projets en projets; on y a tenté la
culture de toutes les eſpeces de plantes & l'on n'en a ſuivi aucune. Le
caffé, le coton, l'indigo, la cane à
ſucre, le poirier, le cannelier, le
meurier, le thé, le cacaoier, le rou-
cou, tout a été cultivé par eſſais;
mais avec cette légereté qui ne permet aucun ſuccès. Si l'on avoit ſuivi
le plan ſimple du fondateur, qui étoit
de s'aſſurer du pain, l'isle ſeroit aujourd'hui floriſſante; l'abondance y

régneroit parmi les colons, les équipages des vaiſſeaux y trouveroient
les approviſionnemens néceſſaires.

La culture des grains quoique né-
gligée & mal entendue, eſt celle qui
réuſſit le mieux. Les terres qui y
ſont employées rapportent ſucceſſive-
ment chaque année une récolte de
froment & une autre de ris ou de bled
de Turquie ſans jamais ſe repoſer,
ſans recevoir aucun amendement &
ſans autre labour que celui que j'ai
dit être pratiqué à Madagaſcar.

Le manioc qui a été tranſporté du
Bréſil par M. De la Bourdonnais, &
qui ne fut d'abord cultivé qu'avec
répugnance & par force, eſt aujour-
d'hui la principale reſſource des colons pour la nourriture des eſclaves.
La culture de cette racine eſt la même à l'isle de France qu'en Amérique.
Je ne répéterai pas ici ce que pluſieurs
voyageurs en ont dit.

On avoit autrefois tranſporté de
Madagaſcar dans cette isle, des troupeaux nombreux de bœufs & de moutons ; mais depuis que l'on a calculé

qu'il y avoit plus de profit particulier à transporter des esclaves que des
bœufs, on a négligé l'augmentation
des troupeaux que les besoins con-
tinuels de la colonie & des vaisseaux
diminuent sans cesse. D'ailleurs on
n'a encore formé dans l'isle aucun
paturage, où ils ont été formés avec
si peu d'intelligence qu'aucun n'a réus-
si. L'isle produit naturellement en
différens cantons un *gramen* admirable qui croît à la hauteur de 5 à 6
pieds. Ce gramen sort de la terre au
commencement de la saison des pluies,
il fait toute sa végétation dans l'es-
pace de trois mois que dure cette
saison. Les colons profitent de ce tems
pour y faire paturer leurs troupeaux
qui s'y engraissent promptement ;
mais la végétation finie, il ne reste
plus sur la terre qu'une paille trop
dure pour que les bêtes puissent s'en
nourrir. Bientôt le feu apporté par
mille accidens au milieu de ces pail-
les, les consument & avec elles une
partie des forêts voisines.

Pendant tout le reste de l'année, les

troupeaux vont errer & languir dans les bois. La plus grande faute qui ait été commife dans cette isle, celle qui préjudicie le plus au fuccès de la culture, eft d'avoir défriché les forêts par le feu fans laiffer aucun bois de diftance en diftance dans les défrichemens. Les pluyes qui dans cette isle font le feul amendement & le meilleur que la terre puiffe recevoir, fuivent exactement les forêts, s'y arrêtent & ne tombent plus fur les terres défrichées. D'ailleurs ces terres n'ont aucun abri contre la violence des vents qui détruifent fouvent toutes les récoltes.

Nous avons vu ci-devant que les Hollandois qui n'avoient pas de bois au Cap, y en ont planté pour garantir leurs maifons. L'isle de France en étoit couverte & nos colons les y ont détruits.

Obfervations faites à la côte de Coromandel.

Dans tous les tems l'agriculture a

été floriſſante aux Indes orientales ;
elle y a néanmoins beaucoup dégé-
néré depuis la conquête des Mogols
qui, comme tous les peuples barbares
ont mépriſé le travail qui nourrit
l'homme, pour s'attacher à cet art
deſtructeur qui déſole la terre.

En s'emparant du pays, les conquérans s'en ſont approprié toutes les
terres. Les Empereurs de Mogols les
ont diviſées en pluſieurs grands fiefs
amovibles qu'ils diſtribuent aux grands
de leur Empire, leſquels les afferment
à leurs vaſſaux, & ceux-ci à d'autres ;
de ſorte que les terres ne ſont plus
cultivées que par des journaliers &
des valets de ſous fermiers.

Comme il n'eſt pas de pays au monde plus ſujet à révolution que celui
des Indes, ſoumis à des maîtres dont
le gouvernement eſt une véritable
anarchie, le poſſeſſeur du fief ainſi
que ſon fermier, ſans ceſſe incertains
de leur ſort, ne penſent qu'à dépouil-
ler leurs terres & ceux qui les cultivent ſans y faire jamais aucune
amélioration. Heureuſement pour ces

conquérans barbares, le peuple conquis inviolablement attaché à ſes
mœurs antiques n'a pas ceſſé de ſe
livrer à l'agriculture par goût & par
religion. Malgré la tyrannie inſenſée
du Mogol, le Malabar plein de mépris & de pitié pour le maître auquel
il obéit, cultive avec la même ardeur
que s'il étoit propriétaire le champ
qui appartenoit à ſes peres, & dont
la culture lui eſt confiée par l'uſur-
pateur.

La tribu des laboureurs eſt une
tribu honorée parmi les Indiens. La
religion même a conſacré l'art de la
culture, & juſqu'aux animaux deſti-
nés au labourage. Comme les Indes
manquent en général de paturages,
que les chevaux y ſont rares, que
les bœufs & les buffles y multiplient
difficilement, l'ancienne politique indienne a voulu que ce fût un crime
contre la religion de tuer un de ces
animaux utiles.

Les Malabares en tirent plus de
ſervice qu'aucun autre peuple ; ils les
employent comme nous, au labour

& aux voitures, de plus ils leur font porter toute forte de fardeaux. On ne voit guere d'autre bête de charge aux environs de Pondichery : je fuis perfuadé que dans tout pays on en pourroit tirer le même fervice.

Les terres de la côte de Coromandel font des terres légeres, fablonneufes & feches. Cependant l'induftrie & le travail des Malabares en tirent deux récoltes par année, fans les laiffer jamais repofer. A la récolte du ris fuccéde celle de quelques menus grains, tels que le millet, ou de quelques phafeoles dont les Indes produifent une infinité d'efpeces.

De tous les procédés de l'agriculture indienne, le plus remarquable eft celui de l'arrofement des terres pour la culture du ris.

Machine pour arrofer les terres.

Si le terrein qu'on veut arrofer n'a dans fon voifinage, ni ruiffeau, ni fontaine affez abondans, on y creufe un puits fur le bord duquel on éleve un pilier à la même hauteur, à peu près que le puits à de profondeur. Ce pilier porte à son sommet qui est partagé en fourche, une cheville de fer qui en traverse horisontalement les deux portions & qui supporte une bassecule garnie d'échelons. La partie supérieure de cette bassecule déborde le sommet du pilier de trois pieds environ, & porte une longue perche posée parallelement avec le pilier. A cette perche tient un grand sceau de bois ou de cuivre. A côté de la machine est maçonné en brique & bien cimenté un recevoir destiné à renvoyer d'abord les eaux du puits. Ce reservoir est plus élevé que le terrein qui doit être arrosé. Il a sa décharge proportionnée du côté du champ. Tout étant ainsi disposé, un homme monte au haut du pilier par les échelons de la bassecule. Dès qu'il est arrivé au sommet, un autre placé sur le bord du puits y enfonce la perche à laquelle tient le sceau; alors celui qui étoit au sommet descend par les mémes échelons de la bassecule, & amene

B 6

à la hauteur du refervoir le fceau plein
d'eau que l'autre y renverfe. Dès que
le refervoir eft plein, on ouvre la décharge, l'inondation commence & fe
foutient par la manœuvre de ces deux
hommes, qui paffent quelquefois des
journées entieres, l'un à monter & à
defcendre, l'autre à renverfer un
fceau.

Labourage.

Les Malabares labourent leurs terres avec un inftrument femblable à la
aire de Provence, ou à la fouchée en
ufage dans cette province. Ils y employent les bœufs & plus communément des buffles. Ces derniers font
beaucoup plus forts & réfiftent mieux
aux chaleurs que les bœufs, qui en
général font foibles & de petite efpece
la à côte de Coromandel.

Troupeaux de moutons & autres.

Ces animaux font nourris avec de
la paille de ris, quelques herbages &

des fèves cuites. On voit ça & là dans les campagnes quelques petits troupeaux de cabris, & d'autres de moutons qui diffèrent des nôtres en ce qu'ils font couverts de poil au lieu de laine. On les connoît dans nos colonies fous le nom de *chiens marous*. Tous ces troupeaux font maigres & multiplient peu.

Si les habitans de l'inde fe nourriffoient de viande comme les Européeus, le pays feroit bientôt dépeuplé de toute efpece de bétail. Il paroît donc que la loi religieufe qui fait un crime à l'Indien de manger la chair des animaux a été dictée par un fage politique, qui s'eft fervi de l'autorité de la religion pour affurer l'obéiffance à un réglement que la phyfique du climat prefcrit.

Les Malabares fe nourriffent de grains & fur-tout de beurre, de légumes & de fruits. Ils ne mangent rien de ce qui a eu vie. Ce font les terres fituées au midi & à l'oueft de l'Indouftan, qui font les greniers de ce vafte pays & qui y maintiennent l'a-

bondance. Ces terres font reſtées entre les mains des anciens naturels de
l'Inde, dont les loix font très-favorables à l'agriculture. Les Mogols ont
fait juſqu'ici des efforts inutiles pour
s'en emparer.

Jardins.

On ne voit dans les jardins Malabares aucun légume qui vaille les
nôtres. Après leurs différentes eſpeces
de phaſéole dont quelques-unes font
vivaces & d'autres *arboreſcentes*, la
meilleure de celles qu'ils cultivent eſt
la *bazella*, connue en France fous le
nom d'épinard de Chine ; c'eſt une
plante vivace & grimpante que l'on
rame comme nos pois, ou que l'on
appuie contre des murailles qu'elle
couvre en très peu de tems d'une verdure très-agréable, fon goût eſt à peu
près le même que celui de notre épinard.

L'art du jardinage eſt peu connu
à la côte de Coromandel. Les vergers
y font mieux fournis que les jardins,

quoi qu'ils n'ayent aucun fruit qui puisse être comparé à ceux d'Europe. Les Indiens n'ont pas l'art de la greffe, leurs fruits les plus communs font l'ananas, le mangue, la bonane, la gouyave. Les deux premiers de ces fruits qui font excellents à la côte Malabar & en différentes parties des Indes, n'ont à la côte de Coromandel qu'une bonté très-médiocre.

Cocotier.

Le plus utile de tous les arbres de leurs vergers, est sans contredit le cocotier. Ce palmier porte des grapes de noix d'une grosseur monstrueuse. Lorsqu'on laisse venir ces noix à maturité elles fourniffent une huile abondante, que les Indiens employent à toute forte d'usage, sur-tout à l'assaisonnement de leurs légumes, malgré le goût désagréable de cette huile pour quiconque n'y est pas accoutumé. Mais le meilleur moyen de rendre la culture profitable, c'est d'en tirer du vin. L'Indien faisit le tems où la noix du cocotier à atteint la groffeur de nos noix ordinaires, ce qui arrive peu après la chute de la fleur, alors il coupe la queue de la grappe à la diftance environ de 7 à 8 pouces du tronc de l'arbre. Il y attache un vafe de terre pour recevoir la fève abondante qui en fort ; il enveloppe exactement avec un linge l'ouverture du vafe, pour garantir la liqueur de l'influence de l'air qui la feroit aigrir ; le vafe fe remplit dans 24 heures. L'Indien eft attentif à le changer chaque jour. Ce vin naturel fe nomme *foury*, il fe débite & fe boit dans cet état. Il a à peu près le goût & l'effet du moût de raifin ; mais il fe conferve peu de jours, il faut le paffer à l'alambic, fans quoi il aigriroit & ne feroit plus potable. Ce vin diftilé eft ce qu'on nomme *racque*, il eft plus violent que notre eau-de-vie.

Un cocotier ainfi deftiné à fournir du vin rapporte fouvent une pagode de revenu (environ 8 liv. de notre monnoye). Ces arbres fe plantent à la diftance de 25 ou 30 pieds, ils tardent 10 à 12 années à rapporter, mais ils donnent du fruit ou du vin pendant plus de 50 ans. Ils aiment un sol sablonneux, & ils réuffiffent affez bien dans le fable pur.

Les Malabares cultivent en plein champ plufieurs plantes à graines huileufes, telles que le féfame ou gergelin, qui eft une graine digitale & le *ricin* ou *palma chrifti*. Il faut que l'huile fraiche tirée de la féve de cette derniere plante, qui eft reconnue en France pour un cauftique violent & dangereux, n'ait pas cette mauvaife qualité aux Indes, car les Malabares la regardent comme un purgatif doux & le meilleur remede pour la plupart des maladies des enfans à la mammelle. L'ufage eft de leur en faire prendre tous les mois une cueillerée en la mêlant en portion égale avec le lait de la mere. Je finis cet article en obfervant que l'on tomberoit dans l'erreur fi l'on penfoit fe former une idée de la culture générale des Indes d'après ce que je viens de dire fur celle de la côte de Coromandel : cette côte &

les terres qui en dépendent font une petite partie des Indes orientales proprement dites, & cette partie eft la plus ftérile & l'une des plus dévaftées par l'invafion des Mogols, par les guerres continuelles que ces Conquérans fe font entr'eux & par leur gouvernement deftructeur. La côte d'Orixa, celle de Malabar, le territoire de Surate, les rives du Gange & le cœur de l'Indouftan, font d'une toute autre fertilité, & l'agriculture eft plus floriffante dans quelques-unes de ces contrées. Je ne rend compte que de ce que les circonftances m'ont permis d'obferver par moi-même.

Etat de l'agriculture dans le Royaume de Siam.

Le Royaume de Siam dans la prefqu'isle de l'Inde, de delà le Gange, poffède un fol généralement bon & des terres de la plus grande fertilité. Ce Royaume partagé comme l'Indouftan du nord au fud par une chaîne de montagnes, jouit à la fois pen-

dant toute l'année de deux saisous différentes. Sa partie occidentale qui
regarde le golphe de Bengale, eft arrofée par des pluyes continuelles pendant fix mois que dure la mouffon des
vents d'oueft. Cette faifon humide
eft regardée comme un hiver dans
cette partie, tandis que dans l'autre
moitié du Royaume qui regarde l'eft,
on jouit du plus beau ciel & l'on ne
s'apperçoit de la faifon différente qui
regne de l'autre côté, que par le dé-
bordement du *Menam.* Ce fleuve coule
au pied des montagnes, où s'arrêtent
les pluyes ; il baigne les murs de la
Capitale, & inonde annuellement fans
aucun ravage un pays délicieux couvert de plantations de ris. Le limon
que dépofe le *Menam* engraiffe fingu-
lierement les terres ; le ris femble
s'élever à proportion de ce que l'inondation augmente, & le fleuve rentre
régulierement dans fon lit à mefure
que le ris approchant de fa maturité,
n'a plus befoin de fes eaux. Voilà
ce que la nature a fait pour les hommes qui habitent ce beau pays. Elle

a fait plus, elle a rempli les campagnes d'une multitude de fruits délicieux, qui n'exigent presque aucune
culture. Tels font les ananas, les man-
gouftes, fruit le plus délicat qu'il y
ait peut-être fur la terre, les mangues
de plufieurs fortes, toutes excellentes,
une variété infinie d'orangers & de
bananiers, le ducion, la gacca & autres fruits de moindre qualité. Plus
généreufe encore, la nature a placé
dans les terres de cette contrée &
prefque à la fuperficie, des mines
d'or, de cuivre & d'étain fin, comme
aux Indes fous le nom de Calin.

Dans ce paradis terreftre, au milieu
de tant de richeffes, qui croiroit que le
Siamois eft peut-être le plus miférable
des peuples ?

Le gouvernement de Siam eft defpo-
tique ; le fouverain jouit feul du droit
de la liberté naturelle à tous les hommes. Ses fujets font fes efclaves ; chacun d'eux lui doit fix mois de fervice perfonnel chaque année fans aucun falaire & même fans nourriture.
Il leur accorde les fix autres mois

pour se procurer de quoi vivre. Sous
un tel gouvernement , il n'y a point
de loi qui protege les particuliers
contre la violence , & qui leur
assure aucune propriété. Tout dépend des fantaisies d'un Prince abru-
ti par toute sorte d'excès & sur-tout
par ceux du pouvoir, qui passe ses
jours enfermé dans un serrail, igno-
rant tout ce qui se fait hors de son
Palais, & sur-tout les malheurs de ses
peuples. Cependant ceux-ci sont li-
vrés à la cupidité des grands , qui sont
les premiers esclaves, & approchent
seuls à des jours marqués , mais toujours en tremblant de la personne
du despote, qu'ils adorent comme une
Divinité sujette à des caprices dangereux.

La religion seule a conservé le pouvoir de protéger contre la tyrannie,
ceux qui se rangent sous son éten-
dard & se font admettre au rang des
Prêtres de *Somonacondom*, le Dieu
des Siamois. Ceux qui prennent ce
parti, & le nombre en est grand, sont
obligés par la loi à garder le célibat,

ce qui occafionne dans un climat chaud comme celui de Siam, beaucoup de défordre, & dépeuple entierement le pays.

On conçoit facilement que fous un tel gouvernement, l'agriculture ne fçauroit profpérer; on pourroit même dire qu'elle eft prefque nulle à Siam, fi l'on compare la petite quantité de terre cultivée à l'étendue immenfe de terrein qui refte en friche.

Dans les terres mêmes qui font mifes en valeur, on peut dire que c'eft la nature qui fait prefque tout. Les hommes opprimés, avilis, fans courage, & pour ainfi dire, fans bras, ne fe donnent guere d'autres foins que celui de recueillir fes dons; & comme le pays eft fort étendu & la population très-petite, elle jouit abondamment du néceffaire prefque fans travail.

Depuis le port de Mergin, fitué fur la côte occidentale de ce Royaume jufqu'à la capitale, on traverfe pendant 10 à 12 journées des plaines immenfes très-bien arrofées, qui offrent à la vue un fol excellent, dont quelques - unes paroiffent avoir été cultivées autrefois, & qui font toutes en friche. On eft obligé de faire ce voyage par caravanes, pour fe défendre des tigres & des éléphans, à qui ce beau pays eft abandonné. On marche pendant plus de 8 jours fans trouver aucune peuplade.

Les environs de la Capitale font cultivés ; les terres du Roi , celles des Princes, des Miniftres & des premiers Officiers, annoncent l'extrème fertilité du pays, on y affure que ces terres rapportent ordinairement 200 pour un.

La méthode des Siamois pour la culture du ris, eft de le femer d'abord fort épais dans un petit carré de terre bien arrofé, fans l'enterrer beaucoup. Dès que les plantes font parvenues à la hauteur de 5 à 6 pouces, on les arrache & on les tranfplante par petits paquets de 3 à 4 brins, à la diftance d'environ 4 pouces en tous fens les uns des autres. On enfonce ces plantes jufqu'au collet dans une terre boueufe qui a reçu un bon labour à la charrue, tirée par une paire de buffles. Le ris tranfplanté de la forte, talle beaucoup & rapporte plus fans comparaifon que celui qu'on laifferoit croître dans la même terre, où on l'auroit d'abord femé.

Ce font des Chinois & des Cochin-chinois établis dans la capitale, & dans fes environs qui contribuent le plus à faire valoir les terres. Ces étrangers étant utiles au Souverain par le commerce qu'ils font avec lui; l'intérêt du gouvernement les garantit de la tyrannie. Dans le voifinage des terres cultivées dont je viens de parler, il s'en trouve appartenant à différens particuliers, qui, découragés par les véxations continuelles qu'ils éprouvent, les ont abandonnées. On eft étonné de voir ces terres, qui, quelquefois n'ont été ni labourées, ni enfemencées depuis plufieurs années, produire néanmoins de belles récoltes de ris. Ce grain recueilli négligemment, fe feme de lui-même, & fe reproduit ainfi tout feul à l'aide des

inonda-

inondations du Menam, ce qui prouve tout à la fois l'extrème fertilité de la terre, & le malheur de ses habitans.

Les vergers du Prince, des Grands & des Talapoins, sont admirables par la variété des fruits, tous meilleurs les uns que les autres qu'on y trouve. Mais il n'est guere permis à des particuliers d'en avoir de semblables. Lorsqu'un particulier à le malheur de posseder un arbre d'excellent fruit, tel que de mangoustes, des soldats ne manquent pas de venir annuellement arrêter pour le Roi, ou pour quelque Ministre tous les fruits de cet arbre. Ils les comptent tant bien que mal, en rendent caution ou gardien celui qui en est propriétaire, & si lors de la maturité le nombre des fruits ne se trouve pas, le pauvre propriétaire est traité d'une maniere indigne. On conçoit qu'il est de l'intérêt des particuliers de ne posséder aucun arbre semblable.

Les Siamois élevent quelques troupeaux de buffles & de bœufs, pour

C

lesquels ils ne se donnent d'autres soins que de les conduire tous les jours dans des terres en friche, qui abondent en paturages, & de les ramener tous les soirs dans des parcs pour les garantir des tygres, qui sont très-communs dans le pays. Ils n'en tirent aucun laitage & très-peu de service. Leur religion qui est la même qu'aux grandes Indes, & qui n'est guere connue que des Talapoins, leur défend de tuer ces animaux. Ils éludent la loi en les vendant à des Mahométans établis chez eux, qui les tuent & en débitent la viande en secret. Ils élevent beaucoup de volaille & sur-tout des canards, de la meilleure espece qui se trouve aux Indes.

Le Roi entretient une grande quantité d'éléphans apprivoisés. Ces animaux monstrueux occupent chacun jusqu'à 12 ou 15 hommes journellement pour leur couper de l'herbe, des bananiers, des cannes à sucre. Ils ne sont d'aucune utilité réelle, ils ne servent qu'à la décoration. Ils annoncent, disent les Siamois, la grandeur

de leur Prince, & celui-ci mefure fa
puiffance fur le nombre de fes éléphans plutôt que fur celui de fes
fujets.

Au refte ces animaux font beaucoup
de dégats. Ceux qui en ont la con-
duite rançonnent tous les particuliers
qui poffédent des terres ou des jardins, fans quoi ils y feroient entrer
leurs éléphans qui ravageroient tout;
& quel feroit le fujet affez téméraire
pour ofer manquer de refpect aux
éléphans du Roi de Siam, dont plufieurs à la honte de l'efprit humain,
font chargés de titres & décorés des
premieres dignités du Royaume.

Etat de l'agriculture chez les Malais.

Au deffus du Royaume de Siam eft
fituée la prefqu'isle de Malaca. Ce
pays fut autrefois très-peuplé & par
conféquent bien cultivé. Le peuple
qui l'habitoit formoit une puiffance
confidérable, & jouoit un rolle bril-
lant dans l'Afie; il couvroit la mer
de fes vaiffeaux & faifoit un commer-

ce immenfe. Il avoit apparemment
d'autres loix que celles qui le gouver-
nent aujourd'hui. Il en eft forti en
différens tems une multitude de colonies, qui ont peuplé de proche en
proche les isles de Sumatra, de Java,
de Borneo, & Celebes ou Macaffar,
des Molucques, les Philippines & les
isles innombrables de tout cet archi-
pel, qui borne l'Afie au Levant, &
qui occupe environ 700 lieues en lon-
gitude de l'eft à l'oueft, fur 600 en
latitude du nord au fud. Tous les
habitans, au moins ceux des côtes
de ces isles font un même peuple, ils
parlent à peu près le même langage,
ils ont les mêmes loix & les mêmes
mœurs. Il eft affez fingulier que cette
nation qui occupe une partie auffi
confidérable de la terre foit à peine
connue en Europe.

Je vais, Meffieurs, vous donner
une idée de fes loix & de fes mœurs,
& vous jugerez facilement de fon agriculture.

Les voyageurs qui fréquentent les
Malais, font très-étonnés de trouver

au midi de l'Asie & sous le climat
brulant de la ligne, les loix, les
mœurs, les usages & les préjugés des
anciens peuples du nord de l'Europe.
Les Malais sont gouvernés par les
loix féodales, par ces loix bizarres
imaginées pour défendre, contre le
pouvoir d'un seul la liberté de quelques-uns, en livrant la multitude à
l'esclavage. Ils ont les mœurs, les
usages & les préjugés que ces loix
donnent.

Un chef qui a le titre de Roi ou
de Sultan, commande à de grands
vassaux qui obéissent quand ils le veulent. Ceux-ci ont des arriere vassaux,
qui en usent souvent de même à leur
égard. Une petite partie de la nation
vit indépendante sous le titre d'*Oram-
çai* ou noble, & vend ses services à
celui qui les paye le mieux, c'est-à-
dire, le corps de la nation est com-
posée de serfs, & vit dans l'esclavage.

Avec de telles loix, les Malais sont
un peuple inquiet, aimant la navigation, la guerre, le pillage, les émi-

grations, les colonies , les entreprifes
téméraires, les avantures, la galan-
terie. Ils parlent fans ceffe d'honneur,
de bravoure , & dans le vrai ils paffent chez ceux qui les fréquentent,
pour le peuple le plus traitre & le
plus féroce qu'il y ait fur la terre ; &
ce qui m'a paru fort fingulier , c'eft
qu'ils parlent la langue la plus douce
de l'Afie. Ce que M. le Comte de
Forbin a dit , dans fes mémoires de
la férocité des Macaffars, eft exactement vrai , & convient également à
tous les peuples Malais. Plus attachés
aux loix infenfées de leur prétendu
honneur, qu'à celles de la juftice &
de l'humanité, on voit toujours parmi eux le fort attaquer le foible. Leurs
traités de paix & d'amitié ne durent
jamais au delà de l'intérêt qui les leur
à fait faire. Ils font toujours armés
& toujours en guerre entr'eux ou occupés à piller leurs voifins.

Cette férocité que les Malais qua-
lifient de bravoure, eft fi connue des
compagnies Européennes qui font
établies aux Indes , que toutes fe font

accordées à faire un réglement qui défend aux Capitaines de leurs vaiſſeaux qui vont dans les isles Malaiſes, de prendre à bord aucun matelot de cette nation ou tout au plus, dans un extrème beſoin, d'en prendre plus de 2 ou 3.

On a vu quelquefois de ces hommes atroces, embarqués imprudemment en très-petit nombre, attaquer dans le moment qu'on y penſoit le moins, un vaiſſeau, le poignard à la main & tuer beaucoup d'hommes avant qu'on pût s'en rendre maître. On a vu des bateaux Malais armés de 25 à 30 hommes, aborder hardiment des vaiſſeaux Européens de 40 canons, pour s'en emparer & maſſacrer avec le poignard une partie de l'équipage. L'hiſtoire Malaiſe eſt pleine de traits ſemblables, qui tous annoncent la férocité la plus téméraire.

Le Malais qui n'eſt pas ſerf eſt toujours armé ; il rougiroit de ſortir de ſa maiſon ſans ſon poignard qu'il nomme *crit*. L'induſtrie de la nation s'eſt ſurpaſſée dans la fabrication de cet inſtrument deſtructeur.

Comme il paſſe ſa vie dans l'inquiétude & dans l'agitation, il ne ſçauroit s'accommoder d'un habillement ample & large, tel qu'on en voit chez tous les autres Aſiatiques. Les habits du Malais ſont juſtes au corps & chargés d'une multitude de boutons qui le ſerrent de toutes parts. Je rapporte ces petites obſervations pour prouver que dans les climats les plus différens, les mèmes loix donnent des mœurs, des uſages & des préjugés ſemblables. Leur effet eſt le mème relativement à l'agriculture.

Les terres poſſédées par les Malais, ſont en général de très-bonne qualité. La nature ſemble avoir pris plaiſir d'y placer ſes plus excellentes productions. On y voit tous les fruits délicieux que j'ai dit ſe trouver ſur le territoire de Siam, & une multitude d'autres fruits agréables qui ſont particuliers à ces isles. Les campagnes ſont couvertes de bois odoriférans, tels que le bois d'aigle ou d'aloës, le *santat* & le *cassia odorata*, espece de canelle. On y respire un air embaumé par une multitude de fleurs agréables qui se succédent toute l'année, & dont l'odeur suave pénétre jusqu'à l'ame, & inspire la volupté la plus séduisante. Il n'est point de voyageur qui en se promenant dans les campagnes de Malacca, ne se sente invité à fixer son séjour dans un lieu si plein d'agrémens, dont la nature seule à fait tous les frais.

Les isles Malaises produisent beaucoup de bois de teinture, sur-tout du sapan qui est le même que le bois de Brésil. On y trouve plusieurs mines d'or que les habitans de Malacca & de Sumatra nomment *Ophirs*, & dont quelques-unes, sur-tout celles que renferme la côte orientale de Celebes & les isles adjacentes, sont plus riches que toutes celles du Pérou & du Brésil. On y connoît des mines de cuivre naturellement mêlées d'or que les habitans nomment *Tombage*; des mines très-abondantes de calin ou d'étain fin, dans les isles de

Sumatra & de Banea ; enfin une mine de diamant à *Succadana* dans le fud-eft de Borneo. Ces isles poffédent exclufivement le Rotin , le Sagou ou palmier à pain, le Camphre & les aromates précieux , que nous connoiffons fous le nom d'épiceries fines.

La mer d'accord avec la terre leur fournit la pêche la plus abondante, & de plus l'ambre gris, les perles & les nids d'oifeaux fi recherchés en Chine, formés dans les rochers avec le fray de poiffon, & l'écume de mer par de petites hirondelles de mer , nourriture pleine de fubftance que les Chinois ont payé longtems au poids de l'or, & achetent encore actuellement à un prix exceffif.

Au milieu de tous ces dons de la nature, le Malais eft miférable. La culture des terres abandonnée aux efclaves, eft un art méprifé. Ces cultivateurs malheureux, fans ceffe arrachés aux travaux champêtres par des maîtres inquiets, qui aiment mieux les employer à la guerre & aux expéditions maritimes , ont rarement le tems & jamais le courage de donner à leur terre de bons labours. Le pays reste presque tout en friche ; on ne lui fait pas produire le ris, ou les grains nécessaires à la subsistance de ses habitans.

Le Sagou.

L'arbre de sagou supplée en partie au défaut des graines. Cet arbre admirable est un présent de la nature bienfait pour des hommes incapables de travail. Il ne demande aucune culture ; c'est un palmier qui croit naturellement dans les forêts à la hauteur d'environ 25 à 30 pieds. Il devient quelquefois si gros qu'un homme a de la peine à l'embrasser. Il se multiplie lui-même par ses graines & ses rejettons. Son écorce ligneuse à environ un pouce d'épaisseur, & couvre une multitude de fibres allongées qui s'entrelaffant les unes dans les autres, enveloppent une masse de farine gommeuse. Dès que cet arbre est mûr & prêt à donner sa substance, il l'annonce en se couvrant à l'extrémité de ses palmes d'une poussiere blanche, qui transpire au travers des pores de la feuille. Alors le Malais l'abbat par le pied, & le coupe en plusieurs tronçons qu'il fend par quartiers. Il en tire la masse de farine, qui y est renfermée & qui est adhérente aux fibres qui l'enveloppent. Il délaye le tout dans l'eau commune qu'il passe ensuite au travers d'une chausse de toile fine pour en séparer toutes les fibres. Lorsque cette pâte a perdu une partie de son humidité par l'évaporation, le Malais la jette dans des moules de terre de différentes formes, & l'y laisse sécher & durcir. Cette pâte est une nourriture saine. Elle se conserve ainsi pendant plusieurs années.

Pour manger le sagou, les Indiens se contentent de le délayer dans l'eau; quelquefois ils le font cuire. Ils ont l'art de séparer la fleur de cette farine & de la réduire en petits grains, de la forme à peu près des grains de ris. Ce sagou ainsi préparé est préferé à l'autre pour les vieillards & pour les infirmes ; il est un excellent remede pour les poitrinaires. Lorsqu'il est cuit dans l'eau pure ou dans le bouillon, il se réduit en une gelée blanche très-agréable au gout.

Quoique le palmier Sagoufere se trouve naturellement dans les forèts, néanmoins les chefs Malais en font des plantations considérables, & c'est là une de leurs principales ressources pour se nourrir.

Ils auroient de quoi former les plus beaux vergers du monde, s'ils se donnoient la peine de rassembler des plantes de tous les excellens fruits que la nature leur a donnés. On trouve leurs arbres fruitiers plantés çà & là autour de leurs maisons, & dispersés dans leurs terres, sans ordre & sans symmétrie.

Les habitans de la grande isle de Java, font un peu plus agriculteurs que les autres Malais, depuis qu'ils font soumis aux Hollandois. Ces négocians Souverains ont profité des désordres occasionnés par leurs loix féodales, pour les mettre tous sous

le joug, en détruisant avec art la puiſ-
ſance des Rois, par celle de leurs
vaſſaux ; puis celle des vaſſaux par des
ſecours donnés à propos aux Rois à
demi terraſſés.

Aujourd'hui les Javanois commencent à revenir de l'inquiétude que
leur cauſoient leurs loix, qu'ils ont
preſque perdues. Ils cultivent avec
ſuccès le ris, le caffé, l'indigo & la
canne à ſucre. Ils élevent dans la partie orientale de l'isle, & dans celle de
Madur & de Solor qui en ſont voiſines, des troupeaux de buffles d'une
groſſeur monſtrueuſe, dont la viande
eſt très-bonne, & qui ſont d'un grand
ſervice pour le labourage. Ils y élevent auſſi des troupeaux nombreux
de bœufs, de la plus belle, & de la
plus grande eſpece que j'aie vu dans
le monde. Le paturage le plus commun de cette partie de ces isles malaiſes, eſt le même gramen dont j'ai
parlé à l'article de l'isle de France, &
dont nos colons profitent ſi peu.

Ce ſeroit ici le lieu de vous donner,
Meſſieurs, les procédés de la culture

des épiceries, de l'indigo, de la canne à fucre & de la récolte du camphre, mais cette matiere fera le fujet
d'un autre difcours.

J'aurois fouhaité pouvoir compren-
dre dans ce même mémoire mes obfervations fur la culture des terres
en Chine, vous euffiez été en état
de comparer nation à nation. Après
avoir vu l'agriculture méprifée, avilie chez des peuples barbares, opprimée, chargée d'entraves par leurs
loix alambiquées, vrayes productions
du délire & abfolument contraires à
la raifon, vous euffiez vu ce même
art, cet art divin, puifqu'il fut feul
enfeigné à l'homme par l'auteur de
fon être, foutenu, protégé par des
loix fimples qui font celles de la nature, dictées par elle aux premiers
hommes & confervées de génération
en génération, depuis l'origine du
monde par un peuple fage, par la
plus grande nation agricole qu'il y
ait fur la terre.

Ce tableau de comparaifon vous
eut fait voir d'une part la mifere, &

les malheurs de toute espece qui accompagnent l'abandon de l'agriculture , de l'autre ce que cet art honoré ,
protegé , préferé comme il doit l'être ,
peut pour le bonheur de l'humanité.

SUITE
DES RECHERCHES
SUR L'ETAT
DE L'AGRICULTURE

*Chez différentes nations de l'Afrique
& de l'Asie.*

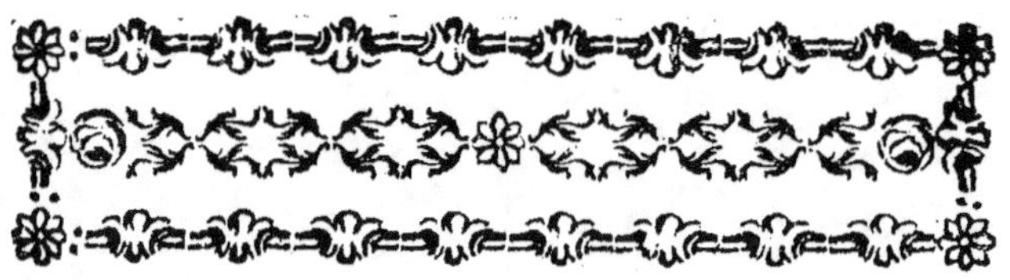

SUITE

DES RECHERCHES

SUR L'ETAT

DE L'AGRICULTURE

Chez différentes nations de l'Afrique & de l'Asie.

M ESSIEURS,

JE commençai l'année derniere à vous rendre compte de mes recherches sur l'état de l'agriculture, chez les différens peuples de l'Afrique & de l'Asie. Je vous fis remarquer qu'elle étoit presque nulle chez les Négres stupides & indolens, qui habitent les côtes occidentales de l'Afrique; je vous la peignis florissante à l'ombre de la liberté, chez les Hol-

landois au Cap de bonne Efpérance.
Vous la vîtes accompagnée de l'abondance la plus heureufe dans le fol
fertile de l'isle Madagafcar, habitée
par un peuple fimple, qui eft gouverné par fes mœurs fimples, & qui
ne connoît d'autres loix que celles de
la nature.

Je rendis juftice à la bonne culture
des terres de notre isle de Bourbon,
en vous faifant remarquer que cette
isle n'a aucun port ; que fes habitans
ayant par cette raifon peu de commerce avec les Européens, ont confervé des mœurs fimples bien favorables à l'agriculture. Je vous avouai
en même tems que cet art qui demande de la conftance, & de la fimplicité
étoit fort négligé dans notre isle de
France, qui a deux excellens ports
très-fréquentés par nos vaiffeaux. L'ad-
miniftration variable & les mœurs
inquiétes de l'Europe, y ont par conféquent plus d'influence, quoi qu'elle
renferme des terres auffi fertiles que
celles des isles de Bourbon & de Madagafcar ; néanmoins les récoltes y

manquent souvent, elle est presque toujours dans la disette.

Je passai ensuite aux grandes Indes, où je vous fis voir l'agriculture opprimée par les loix barbares des conquérans Mogols, mais toujours honorée, toujours soutenue par la religion, par les mœurs, par la constance du Malabare conquis.

A Siam, dans le climat le plus heureux, dans le sol le plus fertile qu'il y ait sur la terre, vous la vites avilie par les indignités d'un gouvernement despotique, & abandonnée par un peuple d'esclaves que rien ne peut interresser après la perte de sa liberté ; je vous le représentai dans le même état chez les Malais, qui habitent un pays immense, des isles innombrables dans lesquelles la nature a renfermé ses trésors les plus précieux, & où elle répand ses dons avec une profusion qu'on ne voit point ailleurs. Le génie destructeur des lois féodales, qui agite sans cesse ce peuple, ne lui permet pas de s'appliquer à la culture des meilleures terres qu'il y ait au monde.

La nature fait prefque feule tous les frais de fa nourriture.

Il y a lieu de croire que fi les autres peuples de la terre, qui ont le malheur d'être gouvernés par les loix féodales, habitoient un climat fi heureux, des terres naturellement fi fertiles que celles que poffédent ces Malais, leur agriculture feroit également nulle. Le feul befoin de vivre peut leur mettre la charrue à la main. Je ne négligeai pas dans mon dernier difcours, de vous donner en détail les procédés les plus intéreffans des différentes cultures locales que j'ai obfervées ; mais mon objet principal fut de vous faire remarquer d'après des recherches chez les différens peuples que j'ai vu, que dans tous les pays du monde, l'état de l'agriculture dépend uniquement des loix qui y font établies, & par conféquent des mœurs & des préjugés que donnent ces loix. Je continue.

Puissance de l'agriculture.

Origine du Royaume de Ponthiamas.

En quittant les isles & les terres des Malais, on trouve au nord un petit territoire nommé *Cancar*, & connu sur les cartes marines sous le nom de *Ponthiamas*. Il est enclavé dans le Royaume de Siam que le despotisme dépeuple sans cesse, entre celui de Camboye dont le gouvernement n'a aucune forme stable, & entre les terres de la domination des Malais, dont le génie sans cesse agité par leurs loix féodales ne peut souffrir la paix, ni au dedans, ni au dehors. Environné de tels voisins, ce beau pays étoit inculte & presque sans habitans, il y a environ 50 années.

Un négociant Chinois, maître d'un vaisseau qui servoit à son commerce, fréquentoit ces côtes avec ce génie réfléchi, & cette intelligence qui est naturelle à sa nation. Il vit avec douleur des terres immenses condamnées à la stérilité, quoi qu'elles fussent d'un ſol naturellement plus fertile que celles qui faiſoient la richeſſe de ſon pays : il forma le projet de les faire valoir. Dans ce deſſein il s'aſſura d'un certain nombre de cultivateurs de ſa nation, & des nations voiſines ; puis il commença par ſe ménager avec art la protection des Princes les plus puiſſans du voiſinage, qui lui donnerent une garde à ſa ſolde.

Dans ſes voyages aux isles Philippines & à Batavia, il avoit pris des Européens, ce qu'ils ont de meilleur, ſuivant les Chinois dans la ſcience politique, l'art de ſe fortifier & de ſe défendre. Bientôt les profits de ſon commerce le mirent en état d'élever des remparts, de creuſer des foſſés & de ſe pourvoir d'artillerie. Ces premieres précautions le mirent à couvert d'un coup de main, & le garantirent des entrepriſes des peuples barbares qui l'environnoient.

Il diſtribua les terres à ſes cultivateurs en pur don, ſans aucune reſerve de ſes droits connus ſous le nom de ſervice, lods & ventes ; droits qui

ne

ne laiffant aucune propriété font le fléau le plus terrible de l'agriculture, & dont l'idée n'eft jamais tombée fous le fens commun des peuples fages ; il ajouta à ce premier bienfait, celui de procurer à fes colons, tous les inftrumens néceffaires pour faire valoir les terres.

Dans fon projet de former un peuple de laboureurs & de négocians, il crut ne devoir propofer que les loix que la nature a données aux hommes de tous les climats ; il fut les faire refpecter en leur obéiffant le premier, en donnant l'exemple de la fimplicité, du travail, de la frugalité, de la bonne foi & de l'humanité ; il n'établit donc aucunes loix, il fit beaucoup plus, il établit des mœurs.

Son territoire devint le pays de tous les hommes laborieux, qui voulurent s'y établir. Son port fut ouvert à toutes les nations ; bientôt les forêts furent abbatues avec intelligence, les terres furent ouvertes & enfemencées de ris, des canaux tirés des rivieres inonderent les champs, & des moiffons abondantes fournirent d'abord aux cultivateurs la matiere de leur fubfiftance, puis l'objet d'un commerce immenfe.

Les peuples barbares du voifinage étonnés de la promptitude avec laquelle l'abondance avoit fuccédé à la ftérilité, vinrent chercher leur nourriture dans les magafins de Ponthiamas. Ce petit territoire eft regardé aujourd'hui comme le grenier le plus abondant de cette partie orientale de l'Afie. Les Malais, les Cochinchinois, Siam même, ce pays naturellement fi fertile, regardent ce port comme une reffource affurée contre les difettes.

Les procédés de la culture du ris, qui eft la principale du pays font les mêmes qu'en Cochinchine. J'en parlerai ci-après, mon objet eft de faire remarquer, que ce n'eft pas à une méthode particuliere de cultiver la terre, que les heureux habitans de Ponthiamas doivent l'abondance dont ils jouiffent, mais à leurs loix & à leurs mœurs.

Si le négociant Chinois, fondateur

de cette société de laboureurs négocians, imitant le vulgaire des souverains de l'Asie, avoit établi des impôts
arbitraires; si par une invention féo-
dale dont il avoit l'exemple chez ses
voisins, il avoit voulu garder pour
un seul la propriété des terres, en
feignant de les céder aux cultivateurs;
si dans un palais il avoit établi le luxe
à la place de la simplicité qu'il fit re-
gner dans sa maison; s'il avoit mis sa
grandeur à avoir une cour brillante,
à se voir environné d'une foule de
serviteurs inutiles, en donnant la préférence aux talens agréables; s'il avoit
méprisé ces hommes laborieux qui
ouvrent la terre, l'arrosent de leur
sueur & nourrissent leurs freres; s'il
avoit traité ses associés comme des
esclaves; s'il avoit reçu dans son port
les étrangers, autrement que comme
ses amis; les terres de son territoire
seroient encore en friche & dépeu-
plées, ou ses malheureux habitans
mourroient de faim, malgré toutes
leurs connoissances sur l'agriculture,
& avec les instrumens les plus mer-

veilleux, foit pour ouvrir la terre, foit pour l'enfemencer. Mais le fage Kiang - tfe, c'eft le nom du négo- gociant Chinois, dont je parle, per- fuadé qu'il feroit toujours très-riche, fi fes cultivateurs l'étoient, n'établit qu'un droit médiocre fur les marchan- difes qui entroient dans fon port ; le revenu de fes terres lui parut fuffire pour le rendre puiffant. Sa bonne foi, fa modération, fon humanité le firent refpecter. Il ne prétendit jamais re- gner, mais feulement établir l'empire de la raifon. Son fils qui occupe au- jourd'hui fa place a hérité de fes ver- tus, comme de fes biens. Il eft par- venu par l'agriculture & le commerce des denrées que produit fon territoire à un tel degré de puiffance, que les barbares fes voifins lui donnent tous le titre de Roi qu'il dédaigne. Il ne prétend des droits de la Royauté que le plus beau de tous, celui de faire du bien à tous les hommes, très-con- tent d'être le premier laboureur, & le premier négociant de fon pays, il mérite fans doute, ainfi que fon pere, un titre plus grand que celui de Roi, celui de bienfaiteur de l'humanité.

Qu'il me soit permis de le dire ici en passant, quelle différence entre de tels hommes & ces Conquérans célebres qui ont étonné, défolé la terre, & qui, abufant du droit de conquête, ont établi des loix, qui même après que le genre humain a été délivré d'eux, perpétuent encore les malheurs du monde pendant la fuite des fiecles!

Camboye Tfiampa.

En fortant de *Ponthiamas*, on trouve au nord les terres de *Camboye* & de *Tfiampa*. Elles font naturellement de la plus grande fertilité, fur-tout celles de *Camboye*, qui paroiffent avoir été anciennement bien cultivées; mais le gouvernement de ces deux petits Etats, n'a aucune forme ftable; les habitans toujours occupés à détruire des tyrans, pour en recevoir d'autres, ont abandonné la culture. Leurs terres pourroient être couvertes de ris & de troupeaux, & ils font réduits à ne vivre que de quelques racines qu'ils arrachent au travers des ronces qui couvrent leurs champs.

Les voyageurs trouvent avec étonnement à quelque diſtance de la peuplade de Camboye, les ruines d'une ancienne ville bâtie en pierre, dont l'architecture à quelque rapport avec celle de l'Europe. Les terres des environs portent encore des traces de ſillons qui y furent autrefois. En cet endroit tout annonce que l'agriculture & les autres arts y ont fleuri, mais ils ſont diſparus avec la nation, qui les poſſédoit. Celle qui habite aujourd'hui ce pays n'a aucune hiſtoire, aucune tradition même qui puiſſe donner des éclairciſſemens à ce ſujet.

Cochinchine.

Les Cochinchinois voiſins de Camboye du côté du nord, voyant les terres de ce Royaume abandonnées, ſe ſont emparés il y a quelques années de celles qui étoient le plus à leur bienſéance, & ils y ont établi

une bonne culture. La province entie-
re de *Donnay* ainsi usurpée sur le
Camboye, est aujourd'hui le grenier
de la Cochinchine. Ce Royaume,
l'un des plus considérables de la partie
orientale de l'Asie, étoit il n'y a tout
au plus que 150 ans habité par une
petite nation barbare & sauvage, connue sous le nom de *Loi*, qui ne vivant
que de la pèche, de racines & de
fruits naturels du pays, cultivoient
peu les terres.

Un Prince Tonquinois malheureux
dans la guerre qu'il eut à soutenir
contre le Roi de Tonquin, dont il
étoit le Maire du palais, passa avec
ses soldats & ceux de son parti, la
riviere qui sépare ce Royaume de celui de la Cochinchine. Les sauvages qui possédoient ce pays s'enfui-
rent devant ces nouveaux arrivés,
& se retirerent sur les montagnes de
Tsiampa. Après quelques années de
guerre contre leurs anciens ennemis
qui les poursuivirent, les Tonquinois
fugitifs de leur patrie, devinrent pai-
sibles possesseurs du pays, connu sous

le nom de Cochinchine , qui a 200 lieues d'étendue du nord au fud , fur une largeur médiocre & très-inégale de l'eft à l'oueft. Alors ils fe livrerent entierement à l'agriculture ; ils commencerent par cultiver le ris , qui étant la nourriture ordinaire des peuples de l'Afie , eft une denrée de premiere néceffité. Ils fe féparerent en petites peuplades qui s'établirent dans les plaines fur les bords des rivieres.

Bientôt la fertilité du fol longtems inculte, recompenfa leurs travaux par l'abondance ; la population augmenta en raifon du produit de la culture, les peuplades s'étendirent de maniere que toutes les plaines de ce vafte pays étant en valeur, les Cochinchinois ont été preffés de s'étendre fur celles de Camboye , qui étoient comme abandonnées. Je n'ai point vu de pays où les progrès de la population foient fi fenfibles qu'à la Cochinchine , ce qu'on peut attribuer non-feulement au climat & à l'abondance des terres ; mais encore aux mœurs fimples de la nation , à la vie fage & laborieufe des femmes, ainsi qu'à la multitude d'excellens poissons, qui avec le ris font la nourriture ordinaire du peuple.

Culture de différentes especes de Ris en Cochinchine.

Les Cochinchinois cultivent six especes de ris, *le petit ris*, dont le grain est menu, allongé & transparent; c'est celui qui est le plus délicat & qu'on fait manger aux malades. *Le gros ris long*, est celui dont la forme est ronde. *Le ris rouge*, ainsi nommé parce que le grain est enveloppé d'une peau de couleur rougeâtre, si adhérente que les opérations ordinaires ne peuvent l'en détacher. Ces trois fortes de grains font ceux dont le peuple se nourrit, & qui font l'abondance. Ils demandent de l'eau, & les terres qui les portent doivent être inondées.

Enfin ils cultivent deux autres fortes de ris sec, c'est-à-dire, qui croissent dans des terres seches & qui ne demandent comme notre froment, d'autre eau, que celle de la pluye. L'une de ces eſpeces à le grain blanc, comme la neige ; lorſqu'il eſt cuit il eſt très-viſqueux, on l'employe à faire différentes pates, telles que le vermicelle. Il ſont l'un & l'autre un grand objet de commerce pour la Chine ; on ne les cultive que ſur les montagnes & les côteaux, après avoir donné à la terre une façon avec la bêche. On le ſeme à la vérité comme nous ſemons notre froment, vers la fin de Décembre ou dans les premiers jours de Janvier, tems auquel finit la ſaiſon des pluyes ; il n'eſt pas tout-à-fait trois mois en terre, & il rapporte beaucoup.

Je ſuis fondé à croire que la culture de ce grain précieux réuſſiroit en France, s'il nous étoit apporté. En 1749 & 1750, je traverſai pluſieurs fois les montagnes de la Cochinchine, où ce ris ſe cultive ; elles ſont très-élevées & la température de l'air y eſt froide. J'y obſervai au mois de Janvier 1750 que le ris étoit très-verd, & avoit plus de 3 pouces de hau-

teur, quoique la liqueur du thermo-
metre de M. de Réaumur ne fût fur
le lieu, qu'à 4 degrés au deffus du
point de congélation.

J'emportai à notre isle de France
quelques quintaux de ce grain, qui
fut femé avec fuccès & rapporta plus
qu'en auroit fait aucune efpece du
pays. Les colons reçurent mon pré-
fent avec d'autant plus d'empreffe-
ment que ce ris, qui eft plus fécond
& de meilleur goût, n'a pas befoin
d'inondation & qu'étant fur la terre
15 ou 20 jours de moins que les autres, il peut être cueilli & fermé avant
la faifon des ouragans, qui emportent
très-fouvent les moiffons des autres efpeces de ris. Ceux-ci font plus tardifs;
ils demanderoient des inondations
que le peu d'intelligence des cultivateurs n'a pas permis jufqu'à ce jour
de leur donner.

Il y avoit lieu d'efperer que l'avantage attaché à la culture du ris fec,
engageroit les colons à le cultiver pré-
cieufement, & que de l'isle de France
il auroit pu facilement nous être ap-

porté par la fuite ; mais j'ai tenté en-
vain d'en tirer de cette isle, les colons à qui je me fuis adreffé n'ont
pu m'envoyer que du ris commun,
qui demande de l'eau & de la cha-
leur. La culture du ris fec a été abandonnée comme les autres à la mala-
dreffe des efclaves, qui ont mêlé toutes les efpeces de ris, de forte que
celui de Cochinchine étant mûr beaucoup plutôt que les autres, fon grain
eft tombé avant la moiffon, & peu
à peu l'efpece s'en eft perdue dans l'isle.
Aujourd'hui il faut retourner à la
fource pour en avoir. Un voyageur
que fes affaires conduiroient en Cochinchine, & qui enverroit directe-
ment quelques livres feulement de ce
grain précieux, pour en faire des effais
dans nos terres, mériteroit certainement notre reconnoiffance.

Les Cochinchinois cultivent le ris
ordinaire, à peu près de la même maniere que les Malabares de la côte de
Coromandel Après avoir donné avec
la charrue deux façons à leur terre,
ils fement le ris dans un petit champ

particulier bien travaillé à la bèche; ils couvrent de quelques lignes d'eau la superficie de ce champ, & dès que le ris a 5 à 6 pouces de hauteur, ils paſſent la herſe ſur leurs grandes terres, puis ils les inondent, alors ils arrachent leur ris qui eſt en pépiniere, & le tranſplantent dans de grandes terres par petits paquets de 4 à 5 brins, & à ſix pouces de diſtance les uns des autres. Ce ſont ordinairement les femmes & les enfans qui font cette opération.

Leur charrue reſſemble à notre fouchée, avec la différence que le ſoc en eſt plus long & plus large. Ils n'employent que des buffles à leur labour. Ces animaux, dont l'eſpece eſt très-grande en Cochinchine, font plus forts que les bœufs dans les pays chauds, & i's ſe tirent mieux des boues. On les attele exactement comme des chevaux.

Les Cochinchinois n'ont aucune machine pour inonder leurs chamos, mais ils n'en n'ont pas beſoin ; leurs plaines ſont dominées d'un bout du

Royaume à l'autre, par une chaîne de hautes montagnes remplies de fources & de ruiffeaux, qui viennent naturellement inonder les terres, fuivant que leur cours eft dirigé.

Ils cultivent encore plufieurs fortes de grains, tels que le mahis, des millets de différente forte, plufieurs efpeces de phaféoles, des patates, des inham, & diverfes racines toutes propres à la nourriture de l'homme & des animaux. Mais la culture la plus importante pour eux après celle du ris, eft la culture de la canne à fucre. Il n'eft aucun pays en Afie fi abondant en cette denrée, que le Royaume de Cochinchine.

Cannes à fucre.

On y cu'tive deux fortes de cannes, l'une qui croit très-groffe & très-haute, qui a les nœuds fort féparés les uns des autres, d'une couleur toujours verte, d'un fuc très-abondant, mais peu chargée de fel. Cette efpece

de canne est employée à nourrir &
engraisser les bestiaux.

Je remarquerai ici qu'il est d'expérience en Cochinchine, que de toutes
les denrées comestibles, il n'en est aucune qui engraisse mieux & plus
promptement les hommes & les animaux, que la canne mangée en verd
& le sucre qu'on en tire.

L'autre espece est plus mince, plus
petite, a les nœuds plus serrés. Lorsqu'elle mûrit, elle prend une couleur
jaune. Elle contient moins d'eau &
plus de sel.

Lorsque les Cochinchinois veulent
cultiver la canne à sucre, ils commencent par remuer la terre à deux pieds
de profondeur. Cette opération se
fait avec la planche ; puis ils plantent
3 à 3 des boutons de canne dans un
sens couché, à peu près comme on
plante la vigne dans plusieurs de nos
provinces. Ces boutures sont enfon-
cées à environ 18 pouces en terre,
plantées en échiquiers, à 6 pieds environ de distance les uns des autres.
On choisit pour cette opération la fin

de la faifon des pluyes, afin que la bouture foit arrofée jufqu'à ce qu'elle ait pouffé des racines. Pendant les 6 premiers mois on leur fait 2 façons à la pioche pour ferfouir les herbes & réfeper le pied des cannes, en y accumulant la terre des environs.

Douze, & quelquefois quatorze mois après la plantation on fait la premiere récolte. Les cannes qui avoient été plantées à fix pieds de diftance, ont tellement tallé qu'on ne peut plus entrer dans le champ que le fer à la main pour s'ouvrir un paffage.

La canne coupée & liée en fagot fe tranfporte au moulin pour en exprimer le fuc. Je ne décrirai point ici la forme de ces machines qui reffemblent beaucoup à celles de nos colonies de l'Amérique, dans lefquelles au défaut d'eau, on employe des bœufs & des mulets pour mettre en mouvement les deux cylindres, entre lefquels on fait paffer les cannes à fucre. Ces artifices ont été décrits par plufieurs voyageurs.

Le fuc de la canne étant exprimé,
le Cochinchinois le fait bouillir quelques heures dans de grandes chaudieres, pour faire évaporer au moins
une partie de fon eau, puis il le tranf.
porte au marché le plus voifin pour
le vendre en cet état. Ici finiffent
l'induftrie & les profits du cultivateur
Cochinchinois. Des marchands achetent ce fuc, qui reffemble encore à
de l'eau pure ; ils le font cuire de nouveau, & jettant dans les chaudieres
quelques matieres alkalines , telles
que la cendre des feuilles de mufa ou
bannanier & de la chaux de coquilla-
ge; les Cochinchinois n'en connoiffent point d'autre, ces ingrédiens oc-
cafionnent dans les chaudieres une
écume confidérable que le rafineur à
foin d'enlever. L'action des alkalis
háte la féparation du fel d'avec l'eau ;
enfin à force d'ébulition, ils réduifent
le fuc de la canne en confiftance de
firop. Dès que ce firop commence à
perler, on le décante dans un grand
vaiffeau de terre, où on le laiffe fe
rafraichir environ une heure. Bientôt

le firop laiffe paroître à fa fuperficie une croute encore molle & de couleur jaunâtre, alors on ne perd pas un moment pour la vuider dans un vafe conique qu'on nomme *forme*. Sans l'opération intermédiaire du rafraichiffoir, le firop fe durciroit en maffe, & n'étant pas grainé, manqueroit d'une qualité effentielle au fucre.

Les formes des fucreries Cochin-chinoifes font, comme celles de nos colonies Américaines, de terre cuite de la hauteur d'environ 3 pieds, percées à leur extrémité aigue, & con-tiennent ordinairement 40 à 50 li-vres de fucre. Ces formes remplies fe placent fur des vafes de terre, dont l'ouverture eft proportionnée pour pouvoir y introduire la pointe de la forme ; ils doivent être affez grands pour contenir le firop groffier, qui découle du fucre au travers de quel-ques brins de paille, qui bouchent imparfaitement la petite ouverture de la forme.

Lorfqu'on juge que le firop a pris la confiftance de fel, dans toute la capacité du vase qui le contient , alors on le terce pour le blanchir & le purifier.

On délaye dans un baquet une terre fine , blanchâtre & argilleuse avec assez d'eau pour que cette boue ainsi préparée n'ait pas beaucoup de consistance, puis avec une truelle on en met l'épaisseur d'environ 2 doigts sur le sucre, dans le vuide que ce sel a laissé à l'ouverture de la forme en se condensant , & en se purgeant de son sirop grossier ; l'eau enveloppée de terre ne pénétre que peu à peu l'intérïeur du sucre, le lave & entraîne insensiblement le sirop le plus adhérent avec toutes les parties étrangeres au sel. Lorsque la terre s'est endurcie, on la remplace avec de la nouvelle terre délayée comme la premiere. Cette opération qui dure environ 12 à 15 jours est la même en Cochinchine, que dans nos colonies d'Amérique ; mais quelques rafineurs Cochinchinois ont une autre méthode.

Au lieu de terre délayée, ils coupent en petits morceaux le tronc d'un mufa ou bananier, & rangent ces morceaux fur le fucre. Le tronc du mufa eft très-aqueux, fon eau a une qualité déterfive, elle n'échappe des fibres qui l'enveloppent que par de très-petites goutes. Ceux qui fuivent cette méthode prétendent que leur opération eft moins longue, & que le fucre blanchit mieux.

Les Cochinchinois ne donnent point d'autre préparation à leur fucre ; ils ne connoiffent pas l'ufage des étuves qui paroiffent néceffaires dans les rafineries de l'Amérique. Après l'avoir terré fuffifamment, ils le vendent dans les marchés publics, fur-tout aux Chinois & aux autres étrangers qui viennent dans leur port, attirés par le modicité du prix de cette denrée, qui ne fe trouve nulle part à fi bon marché qu'en Cochinchine.

Le fucre blanc de premiere qualité, fe vend ordinairement dans le port de *Faifo*, en échange d'autres marchandifes à raifon de 3 piaftres ou 15 livres de notre monnoye, le quintal

Cochinchinois qui équivaut à 150 L.
200 de nos livres, poids de marc. Le
commerce de cette denrée est immense. La Chine seule dont les terres n'en
produisent pas assez pour sa consom-
mation, en tire de Cochinchine plus
de 40 mille tonneaux toutes les années ; on sçait que le tonneau de mer
est de 2 milliers.

Il faut remarquer, Messieurs, que
la Cochinchine qui produit cette denrée en si grande abondance & à si bas
prix, étant un Royaume nouveau,
doit être regardée en quelque maniere
comme une colonie ; remarquons
aussi que la canne à sucre y est cultivée par des hommes libres, que tous
les travaux de la cuite & de la rafine-
rie sont exécutés par des mains libres.
Comparons ensuite le prix de la denrée Cochinchinoise, avec celui de la
même denrée cultivée & préparée par
de malheureux esclaves dans les colonies Européennes, & jugeons si
pour tirer du sucre de nos possessions,
il étoit nécessaire d'autoriser par une

loi l'efclavage des Africains tranfportés en Amérique.

Après ce que j'ai vu en Cochin-chine, je ne puis douter que des cultivateurs libres à qui on auroit partagé fans referve les terres de l'Amérique, ne leur euffent fait rapporter le double du produit qu'en tirent les efclaves.

Qu'à donc gagné l'Europe policée, l'Europe fi éclairée fur les droits de l'humanité, en autorifant par fes décrets les outrages journaliers faits à la nature humaine dans nos colonies, en permettant d'y avilir les hommes au point de les regarder abfolument comme des bêtes de charge ? La loi de l'efclavage a été auffi contraire à fes intérêts qu'à la loi naturelle & à fon honneur ; je l'ai remarqué plufieurs fois.

La liberté & la propriété font les fondemens de l'abondance & de la bonne agriculture ; je ne l'ai vu floriffante que dans les pays où ces deux droits de l'homme étoient bien établis. La terre qui multiplie fes dons avec une espece de prodigalité sous des cultivateurs libres, semble se dessécher même par la sueur des esclaves. Ainsi l'a voulu l'auteur de la nature qui a créé l'homme libre, & lui a abandonné la terre avec ordre que chacun cultivât sa possession à la sueur de son front, mais avec liberté.

Les Cochinchinois suivent plusieurs autres cultures très-importantes, soit pour leurs fabriques intérieures, soit pour leur commerce au dehors.

Ils cultivent le cotonier, le meurier, le poivrier, l'arbre de vernis, l'arequier, le thé, l'indigo, le *saffranum*, &, ce qui leur est particulier, une plante qu'ils nomment *tsai*, qui étant mise en fermentation comme celle de l'indigo, fournit abondamment une fleur de couleur verte, qui seule donne en teinture un verd d'émeraude très-solide.

Cette plante seroit un présent bien essentiel à faire à nos colonies d'Amérique. Je serois trop long si j'entreprenois de décrire ici les procédés de

toutes ces différentes cultures. Ils fe-
ront la matiere de quelques autres
mémoires.

En général les Cochinchinois pof-
sédent d'excellentes terres, & ils les
cultivent bien. Leurs montagnes font
prefque toutes en friche, parce que
la population n'eft pas même affez
confidérable, pour mettre en valeur
toutes les plaines qu'ils ont prifes fur
le Camboye. Ils tirent néanmoins de
ces montagnes le bois d'aigle ou d'a-
loés qui eft le parfum le plus précieux qu'il y ait fur la terre; le bois
de fapan qui eft le même que celui
de Bréfil, & la canelle en petite quantité, mais bien fupérieure en qualité
à celle de l'isle de Ceylan.

Les Chinois la payent 3 & 4 fois
plus, que celle qui leur eft apportée
de cette isle par les Hollandois. Ils
tirent des bois admirables pour la
menuiferie, tels que le bois de rofe;
d'excellens pour la conftruction, tels
que le thé qui eft préféré pour conf-
truire les galeres royales, qui font
toujours au nombre de cent, & dans
lefquelles

lesquelles on n'a rien à désirer tant pour la coupe, que pour la solidité & la magnificence. Enfin ils tirent des forêts & des montagnes qu'elles couvrent, l'ivoire, le musc, la cire, le fer & l'or en très-grande abondance.

Ces mêmes montagnes sont pleines de gibier, tel que cerfs, gaselles, chevres sauvages, paons, faisands, &c. La chasse est libre, mais dangereuse à cause de la quantité de tigres, d'éléphans, de rhinoceros & d'autres animaux carnassiers ou malfaisans, dont les forêts sont pleines.

La mer qui baigne leurs côtes abonde en excellens poissons, ainsi que leurs rivieres. La pêche est libre, & les Cochinchinois s'y adonnent beaucoup. J'ai déja dit, que le poisson étoit avec le ris, la principale nourriture du peuple.

Les animaux domestiques qu'ils élevent, sont le cheval pour les voyages, le buffle pour les labours, le bœuf, le cochon, la chevre, des poules d'une très-grande espece, des oyes

E

& des canards pour leur nourriture.
Tous ces animaux réuſſirent très-bien,
& ſe trouverent en abondance.   Le
Roi s'eſt réſervé à lui ſeul le droit de
nourrir des éléphans pour la guerre,
& c'eſt un droit qui n'eſt pas à en-
vier. Il en entretient ordinairement
400, qui lui coûtent plus que ne feroient 4000 ſoldats. Les Cochinchinois ont peu de bons fruits ; l'ananas
& les orangers de différentes ſortes,
ſont les meilleurs de leur pays. Ils
ne cultivent pas la vigne, quoi qu'elle
ſoit une production naturelle de leurs
terres. Ils ne ſont pas riches en légumes, de ſorte que leurs vergers &
leurs jardins ſont très-peu de choſe.
Ils ſe ſont attachés juſqu'à ce jour
aux cultures eſſentielles.

Quoique l'agriculture de la Cochinchine ne ſoit pas encore parve-
nue au degré de perfection, où elle
pourroit être pouſſée dans d'auſſi excellentes terres, les mœurs de la nation lui ſont très-favorables, & on
doit convenir qu'elle eſt floriſſante. Le

peuple Cochinchinois est doux, hos-
pitalier, frugal, laborieux. On ne
voit aucun mendiant dans le pays,
on n'y entend parler ni de vols, ni
de meurtres.

Un étranger peut parcourir le Royaume du nord au sud, excepté la Capitale, sans craindre d'être insulté.
Il sera reçu par-tout avec une curio-
sité importune, mais avec bonté. J'ai
vu chez cette nation un usage singu-
lier, & qui prouve bien la bonté de
son caractere. Un Cochinchinois qui
voyage & qui n'a pas de quoi payer
sa nourriture dans les auberges, entre dans la premiere maison de la
peuplade où il se trouve; personne ne
lui demande ce qu'il veut, il ne dit
rien a personne, il attend en silence
l'heure du repas. Dès que le ris est
servi, il s'approche, se met à table
avec les gens de la maison, mange,
boit & s'en va sans que personne lui
ait fait aucune question, ni sans qu'il
ait dit une seule parole. On a vu
que c'étoit un homme, & par consé-

quent un frere qui pouvoit étre dans le befoin, on l'a reçu fans autre information.

Les fix premiers Rois fondateurs de la Monarchie, gouvernerent la nation comme un pere gouverne fa famille, ils établirent l'empire de la feule loi naturelle en lui obéiffant les premiers. Chefs d'une grande famille de laboureurs, ils donnerent l'exemple du labourage, ils honorerent & protégerent l'agriculture, comme le travail le plus utile & le plus digne de l'homme. Ils ne demanderent jamais à leurs fujets qu'une feule offrande annuelle, pour fournir aux frais de leur défenfe, contre les Tonquinois leurs ennemis.

Cette impofition unique étoit repartie avec équité fur les têtes. Chaque homme en état de travailler la terre payoit au Magiftrat pour le Prince, une fomme modique proportionnée à la conftitution de fon corps, à la force de fes bras & rien de plus. C'eft fous leur regne que la nation s'eft fi fort multipliée à l'aide de l'abondance, fournie par la culture des terres. Tant qu'ils vécurent, les clauses du contract passé sur les rives du fleuve qui sépare le Tonquin de la Cochinchine, entre les chefs de leur famille & le parti qui l'accompagnoit dans sa retraite, furent religieusement observées. C'est à cette fidélité réciproque que la Cochinchine doit l'état florissant de sa population, de son agriculture, & sa puissance. Leur successeur qui regne aujourd'hui à hérité de la bonté de leur cœur, mais il a la foiblesse de se laisser maîtriser par ceux qui se disent ses esclaves. Ces malheureux ont eu l'art de séparer l'intérèt du Prince, de celui de ses sujets. Ils lui ont inspiré la soif des richesses particulieres. L'or abondant tiré des mines sous son regne, a commencé par faire négliger l'agriculture. Bientôt introduit dans le palais, il a été suivi de la corruption & du luxe qui en est la preuve.

Le Prince a été insensiblement ame-

né à méprifer les habitations fimples
de fes ancêtres. Il lui a fallu un palais d'une lieue de circonférence, enfermé par une muraille de briques,
& bâti fur le modele de celui de Pekin. 1600 pieces de canon qui en-
tourent ce palais, annoncent au peuple la perte prochaine de fes droits &
de fa liberté.

Il a fallu palais d'hiver, palais d'été
& palais d'automne. Pour fournir à
tant de dépenfes, l'ancienne impofition n'a pas fuffi ; on l'a augmentée ;
on en a imaginé de nouvelles qui n'é-
tant plus des offrandes volontaires,
ne peuvent être levées que par la force & avec tout l'attirail de la tyrannie. Les courtifans intéreffés à la corruption du chef, lui ont donné le
titre de Roi du ciel, *vous Tfoi*, à force
de fe l'entendre donner, il a cru pouvoir le prendre.

Pourquoi, me dit-il un jour lui-
même, *ne viens-tu pas plus fouvent
faire ta cour au Roi du ciel?*
Ces hommes adroits qui affiegent

toutes les portes du palais, ont eu l'habileté de fe fouftraire à la juftice ordinaire des magiftrats, & ils profitent de cette exemption pour aller dans les provinces vexer & piller les laboureurs.

J'ai vu le long des grands chemins, des villages entiers nouvellement abandonnés de leurs habitans opprimés par des corvées continuelles, les terres des environs retomboient en friche. Au milieu de ce défordre naiffant, le Prince dont le cœur a été furpris, & qui ignore feul les indignités de ceux qui l'environnent, conferve encore du refpect pour les anciennes mœurs ; ils ne donne plus comme fes ayeux l'exemple du labourage, mais fon intention eft de protéger l'agriculture.

Je l'ai vu à la nouvelle année, préfider avec la fimplicité de fes ancêtres à l'affemblée générale de la nation, qui fe tient annuellement ce jour-là en plein champ, pour y renouveller le ferment réciproque de l'obfervation du contract primordial, qui l'a établi le pere de son peuple, en lui donnant un seul droit, mais le plus beau de tous est celui de rendre sa nation heureuse.

Lorsqu'il parle de ses sujets, il ne les appelle encore que ses enfans. Je l'ai vu assister comme simple particulier à l'assemblée annuelle de sa famille, suivant l'ancien usage de la nation, assemblée à laquelle préside toujours le plus ancien, sans égard aux dignités de ceux qui ont moins d'âge ; mais il m'a paru qu'il n'y avoit dans cette pratique que de la formalité. On conçoit aisément que là où le Roi du ciel se présente, les hommes ne sont rien.

Il est vrai que la corruption n'a pas généralement gagné le peuple qui conserve ses mœurs. Elle est encore renfermée dans le palais & dans la Capitale ; mais la source est trop élevée pour que ses eaux empoisonnées ne coulent pas dans les plaines. C'est toujours par les chefs que commence la corruption d'un peuple.

Lorsqu'elle aura gagné tous les états, lorsque les fondemens de l'agriculture, la liberté & la propriété déja attaquées par les grands auront été renversées, lorsque la profession de laboureur sera devenue par degrés la plus méprisée & la moins lucrative, que deviendra alors l'agriculture? Sans une agriculture florissante, que deviendra tout ce peuple multiplié sous son ombre; que deviendront & le Prince & les sujets?

Ils deviendront ce qu'est devenue la nation qui a possédé le pays avant eux, & même avant les Savages qui le cederent aux Cochinchinois; il ne reste de cette nation que les ruines d'une muraille immense qu'on trouve auprès de la Capitale, & qui paroît avoir été l'enceinte d'une grande ville. Aucune histoire, aucune tradition n'a conservé la mémoire du peuple qui bâtit autrefois cette muraille avec des briques, d'une forme telle qu'il ne s'en voit pas dans le reste de l'Asie. A voir la corruption qui menace les mœurs des Cochinchinois , on doit préſumer que leur agriculture diminuera au lieu d'augmenter , quelques efforts qu'ils puiſſent faire pour la ſoutenir.

Chine.

Je m'approche du terme de mes voyages. En quittant les côtes de la Cochinchine, en faiſant voile au nord-eſt , la route me conduit en Chine, que les Cochinchinois ſes voiſins nomment avec reſpect le *Royaume de la grande lumiere* , *Nuſe d'ai Ming*. Après quelques jours de navigation , je ne découvre encore aucune terre & j'apperçois à l'horiſon une forêt de mats ; une multitude innombrable de bateaux couvre la mer. Ce ſont des milliers de pécheurs , qui cherchent dans les eaux la nourriture d'un grand peuple. Je découvre enfin les terres & j'avance juſqu'à l'embouchure du tigre , toujours au milieu des pêcheurs qui jettent leurs filets de toute part. J'entre dans la riviere de Canton, elle eſt peuplée comme la terre. Ses deux rives font bordées de bâtimens à l'ancre, une quantité prodigieufe de bâteaux la parcourent dans tous les fens à la rame & à la voile, & s'échappent aux yeux en entrant dans des canaux creufés de mains d'hommes, au travers des campagnes à perte de vue que ces canaux arrofent & fertilifent. Des champs immenfes couverts de riches moiffons, au milieu defquels s'élévent de tous côtés des villages très-bien bâtis, ornent le fond du tableau. Des montagnes coupées en terraffes, & taillées en amphiteâtres en forment le lointain.

J'arrive à Canton; nouveau fpectacle: le bruit, le mouvement, la foule augmentent: la terre & les eaux tout eft couvert d'hommes. Etonné d'une fi grande multitude, je m'informe du nombre des habitans de Canton & de fes fauxbourgs; d'après les différens rapports, je juge que cette ville ne contient pas moins de huit cent mille ames. Ma furprife augmente en apprenant qu'à 5 lieues au nord de Canton, on trouve en re-montant la riviere, un village nommé *Fachan*, qui contient un million d'ha-bitans, & que tout ce vaste Empire qui a environ 600 lieues du nord au sud & autant de l'est à l'ouest, est couvert d'un peuple innombrable.

Par quel art la terre peut-elle four-nir la subsistance à une si nombreuse population ? Les Chinois possédent-ils quelque secret pour multiplier les grains, & les denrées qui nourrissent l'homme ? Pour me tirer de mon in-certitude je parcours les campagnes, je m'introduis chez les laboureurs qui en général sont aisés, polis, affables, communément un peu lettrés & ins-truits des usages, comme les habitans des villes. J'examine, je suis leurs opérations & je vois que tout leur secret consiste à bien amander leur terre, à la remuer profondément dans des tems convenables, à l'ensemencer à propos, à mettre en valeur toute terre qui peut rapporter quelque cho-

fe, & à préférer à toute autre culture celle des grains, qui font de premiere néceffité.

Ce fyftême d'agriculture, au dernier article près, paroît être le mème
que celui qui eft répandu dans tous
nos ouvrages anciens & modernes,
qui ont traité cette matiere ; il eft
connu de nos plus fimples laboureurs ;
mais ce qui étonnera l'agriculteur Eu-
ropéen le plus habile, fera d'appren-
dre que les Chinois n'ont aucune
prairie, ni naturelle, ni artificielle,
& qu'ils ne connoiffent pas les jacheres, c'eft-à-dire, qu'ils ne laiffent jamais repofer les terres.

Les laboureurs Chinois, regarde-
roient une prairie quelconque comme
une terre en friche. Ils mettent tout
en grain, & par préférence les terres
qui, comme celles que nous facrifions
en prairies, font plus baffes, & par
conféquent plus fertiles, peuvent être
arrofées ; ils prétendent qu'une mefure de terre enfemencée en grains
rendra autant de paille pour nourrir

les animaux, qu'elle auroit rendu de foin, & que par leur méthode on gagne tout le produit en grains pour nourrir des hommes, fauf à partager avec les animaux une petite partie de ce grain, s'il s'en trouve du fuperflu. Voilà leur fyftème fuivi d'un bout de l'Empire à l'autre depuis l'origine de la monarchie, confirmé par l'expérience de plus de 40 fiecles, chez la nation du monde la plus attentive à fes intérêts.

Ce qui rend ce plan d'agriculture plus inconcevable, c'eft de voir que leurs terres ne fe repofent jamais. Les citoyens zélés qui travaillent depuis quelques années à ranimer parmi nous cet art fi négligé, ont regardé comme le premier & le meilleur de tous les moyens, la multiplication des prairies artificielles au défaut des naturelles, pour pouvoir fournir aux engrais, fans ofer néanmoins en efpé-rer la fupreffion des jacheres à quelque point que fût jamais porté la multiplication des prairies.

Ce système qui paroît le plus plau-
sible de ceux qu'ils ont imaginé, celui qui semble avoir été le mieux reçu
de nos agriculteurs, est néanmoins
contredit par l'expérience constante
de la plus grande, de la plus ancienne
nation agricole qu'il y ait sur la terre,
& qui regarde l'usage des prairies &
des jacheres comme un abus nuisible
à l'abondance & à la population, qui
font après tout l'unique objet de l'a-
griculture.

Un laboureur Chinois ne pourroit
s'empêcher de rire, si on lui disoit,
que la terre a besoin de repos à certain terme fixe ; il diroit certainement
que nous sommes loin du but, s'il
pouvoit lire nos traités anciens &
modernes, nos spéculations merveil-
leuses sur l'agriculture. Et que ne di-
roit-il pas, s'il voyoit nos landes, une
partie de nos terres en friche, une
autre employée en cultures inutiles,
le reste mal travaillé ; si parcourant
nos campagnes il voyoit la misere extrême, & la barbarie de ceux qui les

cultivent ? Les terres Chinoifes, en général, ne font pas de meilleure qualité que les nôtres ; on en voit comme chez nous de bonnes, de médiocres & de mauvaifes ; des terres fortes & légeres ; des terres argileufes & des terres où le fable, les pierres & les cailloux dominent.

Toutes ces terres rapportent annuellement, même dans les provinces du nord une & deux fois l'année, quelques-unes même cinq fois en deux années, dans les provinces méridionales, fans jamais fe repofer depuis plufieurs milliers d'années qu'elles font mifes en valeur.

Les Chinois employent les mêmes engrais que nous, pour rendre à leurs terres les fels & les fucs qu'une production continuelle leur enleve fans cefïe. Ils connoiffent les marnes, ils fe fervent du fel commun, de la chaux, des cendres, du fumier de tous les animaux quelconques, & préférablement à tout autre, celui que nous jettons dans nos rivieres ;

ils se servent des urines qui sont ménagées avec soin dans toutes les maisons, dont elles font un revenu ; en un mot tout ce qui est sorti de la terre y est rapporté avec la plus grande exactitude, sous quelque forme que la nature ou l'art l'ait converti.

Lorsque les engrais leur manquent, ils y suppléent pour le moment par un profond labour à la bêche, qui amene à la superficie du champ une terre nouvelle chargée des sucs de celle qui descend à la place.

Sans prairies, ils élevent la quantité de chevaux, de buffles, de bœufs & autres animaux de toute espece nécessaires à leur labour, à leur subsistance & aux engrais. Ces animaux sont nourris, les uns de paille, les autres de racines, de fèves & grains de toute espece. Il est vrai qu'ils ont moins de chevaux & moins de bœufs en proportion que nous, & ils n'en ont pas besoin.

Tout le pays est coupé de canaux creusés par les hommes, & tirés d'une

riviere à une autre, qui partagent &
arrofent ce vafte Empire comme un
jardin dans toutes fes parties. Les
voyages & les tranfports, prefque
toutes les voitures fe font par les canaux avec plus de facilité & moins
de frais. Ils ne font pas même dans
l'ufage de faire tirer leurs bateaux
par des chevaux, ils ne fe fervent que
de la voile & fur-tout de la rame,
qu'ils font valoir avec un art fingulier, même pour remonter les rivieres. Dans tout ce que les hommes
peuvent faire à un prix modique, on
n'employe pas des animaux.

En conféquence les rivages des canaux & des fleuves, font cultivés jufqu'au bord de l'eau, on ne perd pas
un pouce de terre. Les chemins publics reffemblent à nos fentiers; des
canaux fans doute valent mieux que
des grands chemins. Ils portent la
fertilité dans les terres, ils fourniffent
au peuple la plus grande partie de
fubfiftance en poiffons. Il n'y a aucune comparaifon entre le fardeau que

porte un bateau, & celui qu'on peut charger fur une voiture par terre ; nulle proportion dans les dépenfes.

Les Chinois connoiffent encore moins l'ufage, ou plutôt le luxe des caroffes & des équipages de toute efpece, que nous voyons dans les principales villes de l'Europe. Tous ces chevaux raffemblés par milliers dans nos capitales, y confomment prefque en pure perte, le produit de plufieurs milliers d'arpens de nos meilleures terres, qui étant cultivées en grains fourniroient la fufibftance à une grande multitude qui meurt de faim. Les Chinois aiment mieux nourrir des hommes que des chevaux.

L'Empereur & les Magiftrats font portés dans les villes avec fureté & dignité par des hommes ; leur marche eft tranquille & noble, elle ne nuit pas aux hommes de pied. Ils voyagent dans des efpeces de galeres plus commodes, plus fures, auffi magnifiques & moins difpendieufes que nos équipages de terre.

J'ai dit que les Chinois ne perdoient

pas un pouce de terre ; ils font donc bien éloignés de former des parcs immenfes dans d'excellentes terres, pour y nourrir exclufivement & au mépris de l'humanité des bêtes fauves. Les Empereurs, même les tartares, n'ont jamais formé de ces parcs, encore moins les grands Seigneurs, c'eft-à-dire les Magiftrats, les lettrés : une idée femblable ne fçauroit jamais tomber dans l'efprit d'un Chinois. Leurs maifons de campagne & de plaifance même, ne préfentent partout que des cultures utiles, agréablement diverfifiées. Ce qui en fait le principal agrément, eft une fituation riante habilement ménagée, où regne dans l'ordonnance de toutes les parties qui forment l'enfemble, une imitation heureufe du beau défordre, du défordre le plus agréable de la nature dont l'art a emprunté tous les traits.

Les côteaux les plus pierreux que les cultivateurs de l'Europe mettroient en vignoble, font forcés par le travail à rapporter du grain. Les Chinois connoiffent la vigne dont ils cul-

tivent quelques treilles, mais ils regardent comme un luxe & une fuper-
fluité le vin qu'elle produit : ils croi-
roient pécher contre l'humanité de
chercher à fe procurer par la culture
une liqueur agréable, tandis que faute
du grain qu'auroit produit le terrein
mis en vignoble, quelque homme du
peuple courroit rifque de mourir de
faim.

Les montagnes même les plus ef-
carpées font rendues pratiquables; on
les voit à Canton & d'une extrémité
de l'Empire à l'autre, toutes coupées
en terraffes repréfentant de loin des
piramides immenfes divifées en plufieurs étages, qui femblent s'élever au
ciel. Chacune de ces terraffes porte
annuellement fa moiffon de quelque
efpece de grain, fouvent même du
ris; & ce qu'il y a d'admirable eft
de voir l'eau de la riviere, du canal
ou de la fontaine qui coule au pied
de la montagne, élevée de terraffe en
terraffe jufqu'à fon fommet par le
moyen d'un chapelet portatif, que

deux hommes feuls tranfportent & font mouvoir.

La mer, elle - même, qui femble menacer la maffe folide du globe qu'elle environne, a été forcée par le travail & l'induftrie à ceder une partie de fon lit aux cultivateurs Chinois.

Les deux plus belles provinces de l'Empire, celle de *Nankain* & de *Tché-kiang*, autre fois couvertes par les eaux, ont été réunies au continent il y a quelques milliers d'années, avec un art bien fupérieur à celui qu'on admire dans les ouvrages modernes de la Hollande.

Les Chinois ont eu à lutter contre une mer dont le mouvement naturel d'orient en occident, la porte fans ceffe contre les côtes de ces deux provinces, tandis que la Hollande n'a eu à combattre qu'une mer, qui par ce même mouvement naturel fuit toujours fenfiblement fes côtes occidentales.

La nation Chinoife eft capable des plus grands travaux; je n'en ai pas vue de plus laborieuse dans le monde. Tous les jours de l'année font des jours de travail excepté le premier deftiné à fe vifiter réciproquement, & le dernier confacré à la cérémonie des devoirs qui fe rendent aux ancêtres.

Un homme oifif feroit fouverainement méprifé, il feroit regardé comme un membre paralitique à charge au corps dont il fait partie. Le gouvernement du pays ne le fouffriroit pas; bien différent en cela des autres nations Afiatiques où l'on n'eftime guere que ceux dont l'état eft de ne rien faire. Un ancien Empereur Chinois exhortant le peuple au travail dans une inftruction publique, l'avertit que s'il y a dans un coin de l'Empire un homme qui ne faffe rien, il doit y en avoir ailleurs un autre qui fouffre & qui manque du néceffaire. Cette maxime fage eft dans l'efprit de tous les Chinois; & pour ce peuple docile à la raifon, qui dit une maxime de fageffe, dit une loi.

Voilà, Meſſieurs, une legere eſ_
quiſſe du tableau général de l'agricul_
ture des Chinois, & de leurs diſpo_
ſitions pour cet art. Les bornes de
ce diſcours ne me permettent pas de
m'étendre aujourd'hui ſur le détail
des différentes cultures que j'ai vues
dans le pays. J'obſerverai ſeulement
que ces cultures ſont telles qu'elles
fourniſſent abondamment à tous les
beſoins, & même à l'aiſance de la
plus grande population qu'il y ait au
monde; de ſorte qu'avec ſes laboureurs
la Chine ſe ſuffit à elle-même, & peut
de ſon ſuperflu faire un grand commerce au dehors.

D'après cette obſervation on peut
juger qu'il n'eſt point de contrée ſur
la terre où l'agriculture ſoit plus floriſſante qu'en Chine; mais ce n'eſt ni
aux procédés particuliers que ſuivent
les cultivateurs, ni à la forme de leur
charrue & de leur ſemoir qu'elle doit
cet état floriſſant de ſa culture, &
l'abondance qui en eſt la ſuite.

Elle la doit à ſon gouvernement
dont

dont les fondemens profonds & iné-
branlables furent pofés par la raifon
feule, en même tems que ceux du monde ; à fes loix dictées par la nature aux
premiers hommes, & confervées pré-
cieufement de génération en génération depuis le premier âge de l'humanité, dans tous les cœurs réunis d'un
peuple inombrable, plutôt que dans
des codes obfcurs, dictés par des hommes fourbes & trompeurs.

Enfin la Chine doit la profpérité
de fon agriculture à fes mœurs fimples, comme à fes loix également
avouées par la nature & par la raifon.

L'Empire fut fondé par des laboureurs dans ces tems heureux, où le
fouvenir des loix du Créateur n'étant
pas encore perdu, la culture des terres étoit le travail le plus noble, le
plus digne des hommes & l'occupa-
tion de tous. Depuis *Fou hi*, qui fut
le premier chef de la nation, quelques
centaines d'années après le déluge, fi
l'on fuit la verfion des Septante, &
qui en cette qualité préfidoit au la-

F

bourage, tous les Empereurs fans ex-
ception jufqu'à ce jour, fe font fait
gloire d'être les premiers laboureurs
de leur Empire.

L'hiftoire Chinoife a confervé pré-
cieufement le trait de générofité des
deux anciens Empereurs, qui ne voyant
point parmi leurs enfans d'héritiers
dignes d'un thrône, fur lequel la vertu
feule a droit de s'affeoir, nommerent
de fimples laboureurs pour y monter
après eux. Ces laboureurs firent le
bonheur du monde pendant de très-
longs regnes, fuivant les livres Chinois, & leur mémoire eft dans la plus
grande vénération. On fent combien
des exemples femblables honorent &
animent l'agriculture.

La nation Chinoife a toujours été
gouvernée comme une famille dont
l'Empereur eft le pere. Ses fujets font
fes enfans, fans autre inégalité que
celle qu'établiffent le mérite & les talens. Ces diftinctions puériles de no-
bleffe & de roture, d'homme *de naif-
fance* & *d'homme de rien* ne fe trou-

vent que dans le jargon des peuples nouveaux & encore barbares, qui, ayant oublié l'origine commune, infultent fans y penfer & avilident toute l'efpece humaine. Ceux dont le gouvernement eft ancien & remonte juf-qu'au premier âge du monde, favent que les hommes naiffent tous égaux, tous freres, tous nobles. Leur langue n'a pas encore inventé de terme, pour exprimer cette prétendue diftinction des naiffances. Les Chinois qui ont confervé leurs annales depuis les tems les plus reculés, & qui font tous également les enfans de l'Empereur, n'ont jamais pu foupçonner une inégalité d'origine entr'eux.

De ce principe que l'Empereur eft le pere & les fujets fes enfans, naiffent tous les devoirs de la fociété, tous ceux de la morale, toutes les vertus humaines, la réunion de toutes les volontés pour le bien commun de la famille, par conféquent l'amour du travail & fur-tout de l'agriculture.

Cet art eft honoré, protégé, pratiqué par les Empereurs , par les grands Magiſtrats qui ſont la plupart des fils de ſimples laboureurs élevés , ſuivant l'uſage conſtant, par leur ſeul mérite aux premieres dignité de l'Empire , enfin par toute la nation qui a le bon ſens d'honorer l'art le plus utile, celui qui nourrit les hommes préférablement aux arts de moindre néceſſité.

Cérémonie de l'ouverture des Terres.

Chaque année le quinzieme jour de la premiere lune, qui répond ordinairement aux premiers jours de Mars, l'Empereur fait en perſonne la cérémonie de l'ouverture des terres. Le Prince ſe tranſporte en grande pompe au champ deſtiné à la cérémonie. Les Princes de la famille Impériale , les Préſidens des cinq grands tribunaux & un nombre infini de Mandarins, l'accompagnent ; deux côtés du champ ſont bordés par les Officiers & les gardes de l'Empereur ; le troiſieme eſt refervé à tous les laboureurs de la Province, qui accourent pour voir leur art honoré & pratiqué par le chef de l'Empire; les Mandarins occupent le quatrieme.

L'Empereur entre feul dans le champ, fe profterne & frappe neuf fois la tête contre terre pour adorer le *Tien*, c'eft-à-dire le Dieu du ciel; il prononce à haute voix une priere réglée par le Tribunal des rites, pour invoquer la bénédiction du grand maître fur fon travail, & fur celui de tout fon peuple qui eft fa famille, enfuite en qualité de premier Pontife de l'Empire, il immole un bœuf qu'il offre au ciel comme au maître de tous les biens; pendant qu'on met la victime en pieces & qu'on la place fur un autel, on amene à l'Empereur une charrue attelée d'une paire de bœufs magnifiquement ornés. Le Prince quitte fes habits Impériaux, faifit le manche de la charrue & ouvre plufieurs fillons dans toute l'étendue du champ, puis d'un air aifé, il remet la charrue aux principaux Mandarins qui labourent fuccessivement; fe piquant les uns & les autres de faire ce travail honorable avec plus de dextérité. La cérémonie finit par diftribuer de l'argent & des pieces d'étoffe aux laboureurs qui font préfens, & dont les plus agiles exécutent le refte du labourage avec adreffe & promptitude en préfence de l'Empereur.

Quelques tems après qu'on a donné à la terre tous les labours & les engrais néceffaires, l'Empereur vient de nouveau commencer la femaille de fon champ, toujours avec cérémonie & en préfence des laboureurs.

La même cérémonie fe pratique le même jour dans toutes les Provinces de l'Empire par les Vicerois, affiftés de tous les Magiftrats de leur département, & toujours en préfence d'un grand nombre de laboureurs de la Province. J'ai vu cette ouverture des terres à Canton, & je ne me rappelle pas avoir jamais vu aucune des céré-

monies inventées par les hommes,
avec autant de plaisir & de satisfac-
tion que j'en ai eu à considérer cel-
le-là.

Encouragemens de l'agriculture.

L'agriculture Chinoise à bien d'autres encouragemens. Chaque année
les Vicerois de chaque Province, en-
voyent à la Cour les noms des laboureurs, qui se font les plus distingués
dans leur culture, soit en défrichant
& faisant valoir des terreins regardés
comme stériles, soit en faisant rapporter davantage par une meilleure
culture, un terrein anciennement mis
en valeur.

Tous ces noms sont présentés à
l'Empereur qui accorde aux cultivateurs nommés, des titres honoraires
pour les distinguer du commun. Si
un laboureur à fait quelque décou-
verte importante, & qui puisse influer
sur l'amélioration de l'agriculture publique, ou si par quelque endroit il

mérite des égards plus diftingués que les autres, l'Empereur l'appelle à Pekin, le fait voyager aux frais de l'Empire & avec dignité, le reçoit dans fon palais, l'interroge fur fes talens, fur fon âge, fur le nombre de fes enfans, fur l'étendue & la qualité de fes terres, l'accable de bontés & le renvoye à fa culture avec un titre honorable & comblé de bienfaits.

Lequel eft le plus heureux, Meffieurs, ou du Prince qui fe conduit ainfi, ou de la nation qui eft ainfi gouvernée? Chez un peuple où tous font égaux & où tous afpirent après les diftinctions, de tels encouragemens doivent bien infpirer l'amour du travail & l'émulation pour la culture des terres.

Attention du gouvernement Chinois.

En général toute l'attention du gouvernement Chinois eft dirigée vers l'agriculture. Le foin principal d'un pere de famille doit être de penfer à

la subsistance de ses enfans. Ainsi
l'état des campagnes est le grand objet des travaux, des veilles & des sol-
licitudes des Magistrats. On conçoit
facilement qu'avec de telles disposi-
tions le gouvernement n'a pas négligé d'assurer aux cultivateurs, la liberté, la propriété & l'aisance qui sont
les seuls fondemens d'une bonne agriculture.

Les Chinois jouissent librement de
leurs possessions particulieres & des
biens qui ne pouvant être partagés
par leur nature appartiennent à tous,
tels que la mer, les fleuves, les canaux, le poisson qu'ils contiennent
& toutes les bêtes sauvages; ainsi la
navigation, la pêche & la chasse sont
libres. Celui qui achete un champ
ou qui le reçoit en héritage de ses
peres, en est seul seigneur & maître.

Les terres sont libres comme les
hommes, par conséquent point de
services & partages, point de lods
& ventes, point de ces hommes in-
téressés à desirer le malheur public,

de ces fermiers qui ne s'enrichiſſent jamais plus que lorſqu'un défaut de récolte à ruiné les campagnes, & réduit le malheureux laboureur à mourir de faim, après avoir ſué toute l'année pour nourrir ſes freres; point de ces hommes dont la profeſſion deſtructive a été enfantée dans le délire des loix féodales, ſous les pas deſquels naiſſent des milliers de procès qui arrachent le cultivateur à la charrue pour l'envoyer dans les retraites obſcures & dangereuſes de la chicane, défendre ſes droits & perdre un tems précieux pour la nourriture des hommes.

Les impôts établis à la Chine ſont invariables.

Enfin il n'y a point d'autre Seigneur d'autre décimateur que le pere commun de la famille, l'Empereur. Les Bonzes accoutumés à recevoir les aumônes d'un peuple charitable, ſeroient mal reçu de prétendre que cette

aumône eſt un droit que le ciel leur
a donné.

La dime.

Cet impôt qui n'eſt pas exactement
la dixieme partie du produit, eſt ré-
glé ſuivant la nature des terres ; dans
le mauvais ſol ce n'eſt que la tren-
tieme partie, &c. La dixieme portion
de tous les biens de la terre appartient
à l'Empereur. Voilà le ſeul & unique
droit impoſé ſur les terres, le ſeul
tribut connu en Chine depuis l'origine de la Monarchie ; & ce qu'il y
a d'heureux, le reſpect des Chinois
pour les uſages anciens eſt tel, qu'il
ne ſçauroit tomber dans l'eſprit de
l'Empereur de vouloir l'augmenter,
ni dans celui des ſujets de craindre
cette augmentation.

Le peuple le paye en nature, non
à des fermiers avides, mais à des Magiſtrats integres qui en ſont les ré-
giſſeurs naturels. Qui pourroit cal-
culer le montant de ce tribut qui pa-

roît si modique ; mais qui est levé sur toutes les terres d'un aussi vaste Empire, le mieux cultivé qu'il y ait au monde ?

Ce tribut est payé avec d'autant plus de fidélité qu'on connoît l'usage auquel il est destiné. On sait que la partie de cette dime est renfermée dans des magasins immenses, distribués dans toutes les Provinces de l'Empire, & reservée pour la subsistance des Magistrats & des soldats : on sait que dans le cas de disette, ces magasins sont ouverts à un peuple qui est dans le besoin, une denrée qu'on a tirée de lui dans son abondance.

Enfin toute la nation sait que l'autre partie de cette dime est vendue dans les marchés publics, & que le produit en est porté fidelement dans les trésors de l'Empire, dont la garde est confiée au tribunal respectable du *Ho-pou*, pour n'en sortir que dans les besoins communs de la famille.

Comparaison de l'agriculture de l'Afrique & de l'Asie à celle de la Chine.

Rappellez-vous à présent, Messieurs, ce que j'ai dit des loix, des mœurs, des usages des différentes nations de l'Afrique & de l'Asie, dont j'ai examiné l'état de l'agriculture. Comparez nation à nation, jugez si le malheureux Malabare sans propriété, soumis au gouvernement tyrannique des Mogols; si un peuple d'esclaves, la tête toujours courbée sous le sceptre de fer du despote de Siam; si la nation Malaise toujours agitée & asservie par des loix féodales, peuvent même en possédant les meilleures terres qu'il y ait au monde, jouir d'une agriculture aussi florissante que le peuple Chinois, gouverné comme une famille, & soumis aux seules loix de la raison.

Je le repéterai donc avec confiance; dans tous les pays du monde, l'état de l'agriculture dépend uniquement des loix qui y sont établies &

des mœurs , même des préjugés que
les loix donnent.

Que les hommes se font donnés
de peine pour se rendre malheureux
d'un bout de la terre à l'autre ! Créés
pour vivre en famille , pour cultiver
la terre, pour jouir par leur travail
des dons infinis du créateur, ils n'a-
voient qu'a prêter l'oreille à la voix de
la nature ; elle leur indiquoit le bonheur ici-bas ; ils se font fatigués l'esprit
pour imaginer des institutions barbares , des législations alambiquées
qui n'étant pas conformes à la loi que
chaque homme porte dans son cœur,
n'étant pas faites pour des hommes ,
n'ont pu s'établir que par la force,
en inondant la terre de sang. Ces loix
une fois établies, ont continué de dé-
soler la terre en opprimant l'agriculture , & en arrêtant la population.

Etat de l'agriculture en Europe.

Quel spectacle pour un voyageur
attentif , que l'état de la culture chez

les différents peuples qui partagent
la terre ! En Europe, il la voit floriffante aujourd'hui chez une nation,
qui pendant plufieurs fiecles antérieurs
étoit réduite à aller mendier fa nourriture chez des voifins, qui jouiffoient
d'une plus grande étendue de terre
& d'un climat plus heureux qu'elle.
Pendant ces fiecles de barbarie, la perte de fa liberté & de fon droit de
propriété avoit entraîné celle de fa
culture ; elle n'a recouvré ces deux
droits naturels & relevé les fondemens renverfés de fon agriculture ,
que par des atrocités & des malheurs,
en faifant couler des ruiffeaux de
fang.

En Afrique.

L'Afrique en général , dont les contrées les plus connues anciennement,
étoient regardées comme les greniers
de l'univers , ne préfente plus depuis
la perte de la liberté, que des terres
en friche, ou mal cultivées par des
efclaves.

En Amérique.

Le midi de l'Amérique couvert de marécages, de ronces & de forêts, voit ses terres immenses endurcies par la sueur même de ses cultivateurs dans les fers. Le nord de cette partie du monde est habitée par des petits peuples sauvages, misérables & sans agriculture, mais hommes jouissans de la liberté, & par là moins malheureux peut-être que la foule des nations prétendues policées, qui plus éloignées qu'eux des loix de la nature par la privation des droits qu'elle donne, font des efforts impuissans pour se procurer le bonheur qui est l'effet d'une bonne agriculture.

En Asie.

Le vaste continent de l'Asie offre ici une région immense toute en friche, habitée par un peuple de brigands plus occupés de vol que de culture. Là un grand Empire autrefois si florissant & si bien cultivé, aujourd'hui désolé par les guerres civiles, habité par un reste de population qui meurt de faim, faute de culture, & qui répand son sang non pour recouvrer sa liberté, mais pour changer de Tyran. Presque toute cette belle & riche partie du monde qui fut le berceau du genre humain, voit ses terres dans l'esclavage & ses cultivateurs enchaînés ou sous le despotisme aveugle des souverains qui la partagent, ou sous le joug destructeur des loix féodales.

Enfin l'extrèmité orientale du continent de l'Asie, habitée par la nation Chinoise donne une idée ravissante de ce que seroit toute la terre, si les loix de cet Empire étoient également celles de tous les peuples. Cette grande nation agricole réunit à l'ombre de son agriculture, fondée sur une liberté raisonnable, tous les avantages différens des peuples policés & de ceux qui sont sauvages. La bénédiction donnée à l'homme dans le mo-

ment de la création, femble n'avoir
eu fon plein effet qu'en faveur de ce
peuple multiplié, comme les grains
de fable fur les bords de la mer.

Princes qui jugez les nations! qui
êtes les arbitres de leur fort, venez
à ce fpectacle, il eft digne de vous.
Voulez-vous faire naître l'abondance
dans vos Etats, favorifer la multiplication de vos peuples & les rendre
heureux? Voyez cette multitude innombrable qui couvre les terres de
la Chine, qui n'en laiffe pas un pouce
fans culture; c'eft la liberté & fon
droit de propriété qui ont fondé une
agriculture fi floriffante, au moyen
de laquelle ce peuple heureux s'eft
multiplié comme le grain dans fes
campagnes.

Afpirez-vous à la gloire d'être les
plus puiffans, les plus riches, les plus
heureux fouverains de la terre? Venez
à Pekin, voyez le plus puiffant des
mortels affis fur le thrône à côté de
la raifon; il ne commande pas, il
inftruit; fes paroles ne font pas des

arrèts, ce font des maximes de justi-
ce & de fagesse; son peuple lui obéit
parce que l'équité lui inspire seule les
volontés qu'il annonce. Il est le plus
puissant des hommes, parce qu'il
regne sur les cœurs de la plus nombreuse société d'hommes qu'il y ait
au monde, & qui est sa famille.

Il est le plus riche de tous les souverains, parce qu'une étendue de 600
lieues de terre, du nord au sud &
autant de l'est à l'ouest, cultivée jusqu'au sommet des montagnes lui
payent la dîme des moissons abondantes qu'elles produisent sans cesse,
& par ce qu'il est œconome du bien
de ses enfans.

Enfin il est le plus heureux des
Monarques, puisqu'il goute tous les
jours le plaisir ineffable de rendre
heureux la plus grande multitude
d'hommes qui soit rassemblée sur la
terre; il jouit seul du bonheur que
partagent ses enfans innombrables
qui lui sont tous également chers, &
qui vivent comme freres chacun en

liberté & dans l'abondance sous sa
protection. Il est appellé le fils du
Tien, il est la vraye, la plus parfaite
image du ciel dont il imite la bien-
faisance. Enfin son peuple reconnois-
sant l'adore comme un Dieu, parce
qu'il se conduit comme un homme.

F I N.

Fin des Articles.

BIBLIOTHÈQUE ROYALE

www.ingramcontent.com/pod-product-compliance
Lightning Source LLC
LaVergne TN
LVHW012330170726
843503LV00002B/803